숲 달리는 전자
흐르는 전기

밤은 더 캄캄할 거야

전화도 사용할 수 없을 거야

소식을 전하려면 편지를 쓰거나 직접 찾아가야 하겠지.

그런데
다행히 미국의 에디슨이 1879년에 전기로 어둠을 밝히는 백열전구를 발명했어.
그 뒤 과학자들은 밤을 낮처럼 환하게 밝힐 수 있는 다양한 전기 조명을 만들었어.

하지만
1876년 미국의 벨이 전화를 발명하고, 1895년 이탈리아의 마르코니가
전파를 이용한 무선 통신 기술을 개발했어. 우리가 날마다 사용하는
휴대 전화도 무선 통신 가운데 하나야.

컴퓨터도 인터넷도 없을 거야

잠깐 전기가 없어서 좋은 것도 있어.
하나, 전봇대나 전선이 없을 테니까 길거리가 깨끗할 거야.
둘, 전기에 감전되는 사고도 없을 거야.
셋, 발전소도 필요 없고, 다 쓰고 버린 전지 때문에 생기는 환경 오염도 없을 거야.

웅진 주니어

야무진 과학씨 1 **슝 달리는 전자 흐르는 전기**

초판 1쇄 발행 2010년 1월 20일 | **초판 25쇄 발행** 2024년 11월 25일

글 곽영직 | **그림** 서현 | **기획** 아우라

발행인 이봉주 | **콘텐츠개발본부장** 안경숙 | **편집인** 이화정 | **책임편집** 손자영 | **편집** 아우라(김수현 이혜영 조승현), 송재우
디자인 인앤아웃(김화정 김미선) | **야무진 과학씨 캐릭터** 이영훈 | **마케팅** 정지운, 박현아, 원숙영, 김지윤, 황지영 | **제작** 신홍섭

펴낸곳 (주)웅진씽크빅 | **주소** 경기도 파주시 회동길 20 (우)10881
문의전화 (031)956-7523(편집), (031)956-7569, 7570(마케팅)
홈페이지 www.wjjunior.co.kr | **블로그** blog.naver.com/wj_junior | **페이스북** facebook.com/wjbook | **트위터** @new_wjjr
인스타그램 @woongjin_junior | **출판신고** 1980년 3월 29일 제406-2007-00046호 | **제조국** 대한민국 | **사용 연령** 7세 이상

ⓒ 곽영직 2010 (저작권자와 맺은 특약에 따라 검인을 생략합니다.)
ISBN 978-89-01-10293-1 74400 / 978-89-01-10292-4 (세트)

웅진주니어는 (주)웅진씽크빅의 유아·아동·청소년 도서 브랜드입니다.
이 책은 저작권법에 따라 보호받는 저작물이므로 무단전재와 무단복제를 금지하며
이 책 내용의 전부 또는 일부를 이용하려면 반드시 저작권자와 (주)웅진씽크빅의 서면 동의를 받아야 합니다.

잘못 만들어진 책은 바꾸어 드립니다.
※주의 1_책 모서리가 날카로워 다칠 수 있으니 사람을 향해 던지거나 떨어뜨리지 마십시오.
　　　 2_보관 시 직사광선이나 습기 찬 곳은 피해 주십시오.
웅진주니어는 환경을 위해 콩기름 잉크를 사용합니다.

슝 달리는 전자 흐르는 전기

글 곽영직 그림 서현

웅진주니어

야무진 과학씨, 전자로 변신!

안녕? 이번에는 내가 전자로 변신했단다.

아무리 내가 변신술이 뛰어나다 해도 쪼그만 전자로 변신하는 것은 결코 쉽지 않았어.

뭐, 그래도 네게 전기의 정체를 알려 주기로 맘먹은 이상, 이쯤이야 참아야지.

이제 전자로 변신했으니까 전기에 대해서는 뭐든지 말해 줄 수 있어.

너무 큰소리를 치는 게 아니냐고? 전기를 만들어 내는 것이 바로 우리 전자이고,

나는 전자 중에서도 특별한 전자니까 이 정도 큰소리는 쳐도 된다고 생각해.

자, 그럼 나와 함께 전기 여행을 떠나 볼래?

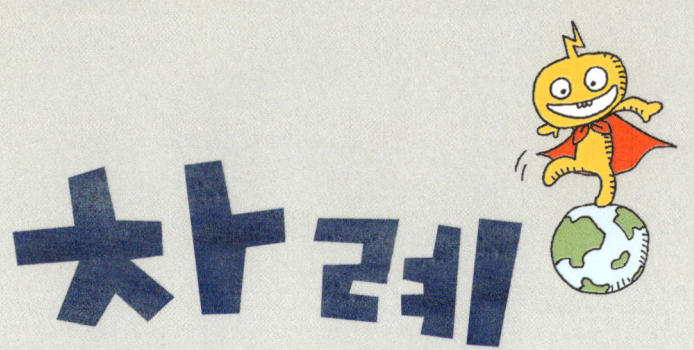

차례

전기의 정체를 밝혀라!

16 _나는 전자 토미
18 _전자의 발견
22 _물질을 이루는 원자, 원자 속의 전자
24 _원자의 구조
30 _전기 현상을 만들어 내는 전자

정전기를 잡아라!

38 _정전기가 생기는 이유
43 _대전 순서
48 _전기력
51 _정전기 유도와 천둥·번개
56 _정전기 없애거나 이용하기

전기가 흘러!

60 _흐르는 전기
66 _옴의 법칙
70 _전기 회로
74 _직렬 연결과 병렬 연결

놀라운 전기 작용

82 _열 작용과 빛 작용
88 _화학 작용
92 _자기 작용
96 _자석으로 전기 만들기

102 _마치며
104 _쪼그만 백과
106 _작가의 말

전기의 정체를 밝혀라!

과연 전기는 뭘까? 그 답을 찾으려면 먼저 전자를 알아야 해.
전자 없이는 전기 이야기를 할 수 없거든. 전자는 무엇일까?
또 어디에 있을까? 도대체 전기와는 어떤 관계가 있을까?

나는 전자 토미

자, 이제 함께 전기 여행을 하게 되었으니 정식으로 나를 소개할게. 나는 꼬맹이 전자야. 이름은 토미!

세상에는 나 말고도 셀 수 없을 만큼 많은 **전자**가 있어. 우리는 겉모습도 똑같고, 하는 일도 똑같지. 그럼 어떻게 서로를 구별하냐고? 걱정 마. 우리를 굳이 구별할 필요는 없거든. 하지만 전자가 모두 똑같다고 해서 나를 그저 그런 평범한 전자로 생각하면 곤란해. 전자는 많지만 사람들에게 우리 전자가 하는 일을 이야기해 줄 수 있는 건 바로 나 하나뿐이거든. 으흠, 그러니까 난 특별한 전자란 말씀이야.

나를 비롯해 전자들은 모두 우주가 생겨날 때 태어났어. 그럼 도대체 몇 살이냐고? 뭐, 굳이 나이를 따지자면 140억 살쯤 됐지. 그렇다고 너무 어려워하지는 마. 나이를 중요하게 여기는 전자는 하나도 없으니까.

지금부터 본격적으로 전자 토미의 흥미진진한 전기 이야기를 한 번 들어 볼래?

나야, 나! 전자 토미.

전자의 발견

전기 이야기를 하는데 전자가 무슨 상관이냐고? 모르는 말씀! 전자 없이는 전기도 없단다. 전기를 만들어 내는 것이 바로 우리 전자란 말씀. 그러니까 전기를 제대로 이해하려면 우리 전자를 먼저 알아야 해.

재미있는 사실은 과학자들이 우리 전자를 발견하기도 전에 전기에 대해서 거의 다 알아냈다는 거야. 네가 학교에서 배우는 전기에 관한 법칙들도 마찬가지지.

우리의 정체를 처음 밝혀낸 사람은 톰슨 박사님이야. 지금으로부터 100년 전쯤, 톰슨 박사님은 음극선관 실험을 하다가 우리 전자의 정체를 알아냈어. **음극선관**은 지금으로 말하자면 형광등과 비슷한 거야. 음극선관은 공기가 없는 유리관으로, 양끝에 **양(+)극**과 **음(−)극**이 있어. 이 음극선관 안에 기체를 조금 넣고 전기를 연결하면 기체의 종류에 따라 여러 가지 빛이 나. 과학자들은 음극에서 무언가가 나와 양극으로 흘러가면서 기체와 부딪혀 빛이 난다고 믿었어. 그리고 음극에서 나오는 이 무언가의 흐름을 **음극선**이라고 불렀어.

　과학자들이 음극선의 정체를 연구하던 가운데, 마침내 톰슨 박사님은 음극에서 나오는 것이 음전기를 띤 작은 알갱이들이라는 것을 밝혀냈어. 이 알갱이들의 흐름, 즉 음극선이 바로 우리 전자의 흐름이라는 사실을 알아낸 거야.

　1897년 4월 30일, 톰슨 박사님은 영국 왕립연구소에서 음극선에 대한 중요한 실험 결과를 발표했어. 박사님은 음극선관의 음극에서 나오는 작은 알갱이들은 크기, 질량, 전기의 양이 모두 같은 한 종류의 알갱이라는 사실을 밝히고, 이 알갱이를 미립자라고 불렀어. **미립자**는 아주 작은 알갱이란 뜻이야. 훗날 우리 이름은 미립자에서 전자로 바뀌었지.

　이렇게 우리는 세상에 모습을 드러냈어. 토미라는 멋진 내 이름도 존경하는 톰슨 박사님 이름에서 따온 거야. 박사님과의 첫 만남을 오랫동안 기억하고 싶었거든.

　톰슨 박사님은 연구를 열심히 해서 노벨 물리학상을 받았어. 또 제자도 정성껏 가르쳐서, 제자 가운데 7명이나 노벨상을 받았단다. 정말 대단하지?

　사실 우리 전자가 세상에 알려지는 것도 나쁘지 않았단다. 재주 많은 우리가 더 큰 활약을 하게 되었거든. 사람들은 나와 내 친구들을 이용하는 방법을 다양하게 개발해 냈어. 덕분에 우리는 컴퓨터 속에서 그림도 그리고, 노래도 불러. 또 큰 기계도 움직일 수 있게 되었지. 돌이켜 보면, 나와 내 친구들이 톰슨 박사님에게 들킨 게 너희에게는 아주 잘된 일이야.

물질을 이루는 원자, 원자 속의 전자

세상에는 셀 수 없을 정도로 많은 전자가 있다고 했지? 그럼 그 많은 전자는 어디에 있을까? 간단히 말하면, 우리는 원자라는 집에 살고 있어. 원자는 또 뭐냐고? 에이 참, 내 이야기를 더 들어 봐! 너는 날마다 여러 가지 물건을 쓰고 있어. 책상, 유리컵, 숟가락, 스웨터……. 이런 물건들은 모두 저마다 다른 재료로 만들어져 있는데 이렇게 물건을 이루는 재료를 **물질**이라고 해. 그리고 물질은 모두 원자라는 작은 알갱이로 이루어져 있어. 바로 이 원자 속에 우리 전자가 있는 거란다.

세포

옛날 사람들은 원자가 세상에서 가장 작은 알갱이라고 생각했어. 그래서 원자라는 이름을 붙였어. **원자**란 더 이상 쪼갤 수 없는 가장 작은 알갱이라는 뜻이야. 원자 속에 우리 전자가 있다는 것을 몰랐기 때문에 이런 이름을 붙인 거지. 히히히, 그만큼 우리가 꼭꼭 숨어 있었던 거야. 그런데 지금으로부터 약 100년 전, 원자도 더 작은 알갱이로 쪼갤 수 있다는 사실이 밝혀졌어.

모든 물질은 원자로 이루어져 있고, 원자는 다시 양성자와 우리 전자로 이루어져 있다는 걸 알게 된 거야.

또 양성자는 **양(+)전기**, 전자는 **음(-)전기**를 가지고 있다는 사실도 알게 되었어.

분자(DNA) 원자 전자

원자의 구조

처음에 과학자들은 우리 전자와 양성자들이 떡처럼 뭉쳐 있다고 생각했어. 그러나 실험을 거듭하여 원자에는 **양성자**와 **중성자**가 뭉쳐 있는 **원자핵**이 있고, 원자핵 주위를 가볍고 재빠른 우리 전자가 돌고 있다는 것을 밝혀냈어.

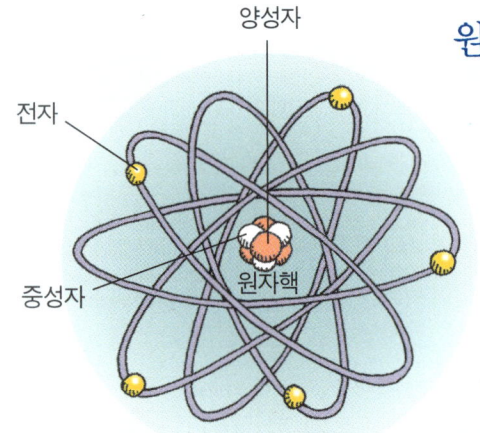

원자 모형

원자는 양성자와 중성자로 이루어진 원자핵과 그 주위를 돌고 있는 전자로 이루어져 있어.

양성자와 중성자는 전자보다 훨씬 무거워. 그래서 원자핵은 원자 질량의 대부분을 차지하지만, 양성자와 중성자가 똘똘 뭉쳐 있어서 크기는 아주 작아.

원자를 커다란 체육관이라고 한다면, 원자핵은 체육관 한가운데 매달려 있는 구슬만 하고, 우리 전자는 체육관 안을 날아다니는 먼지만 하다고 할 수 있어. 결국 원자 속은 거의 빈 공간이고, 이 빈 공간에서 원자핵을 중심으로 전자가 빠르게 돌고 있는 셈이야.

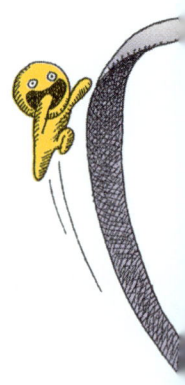

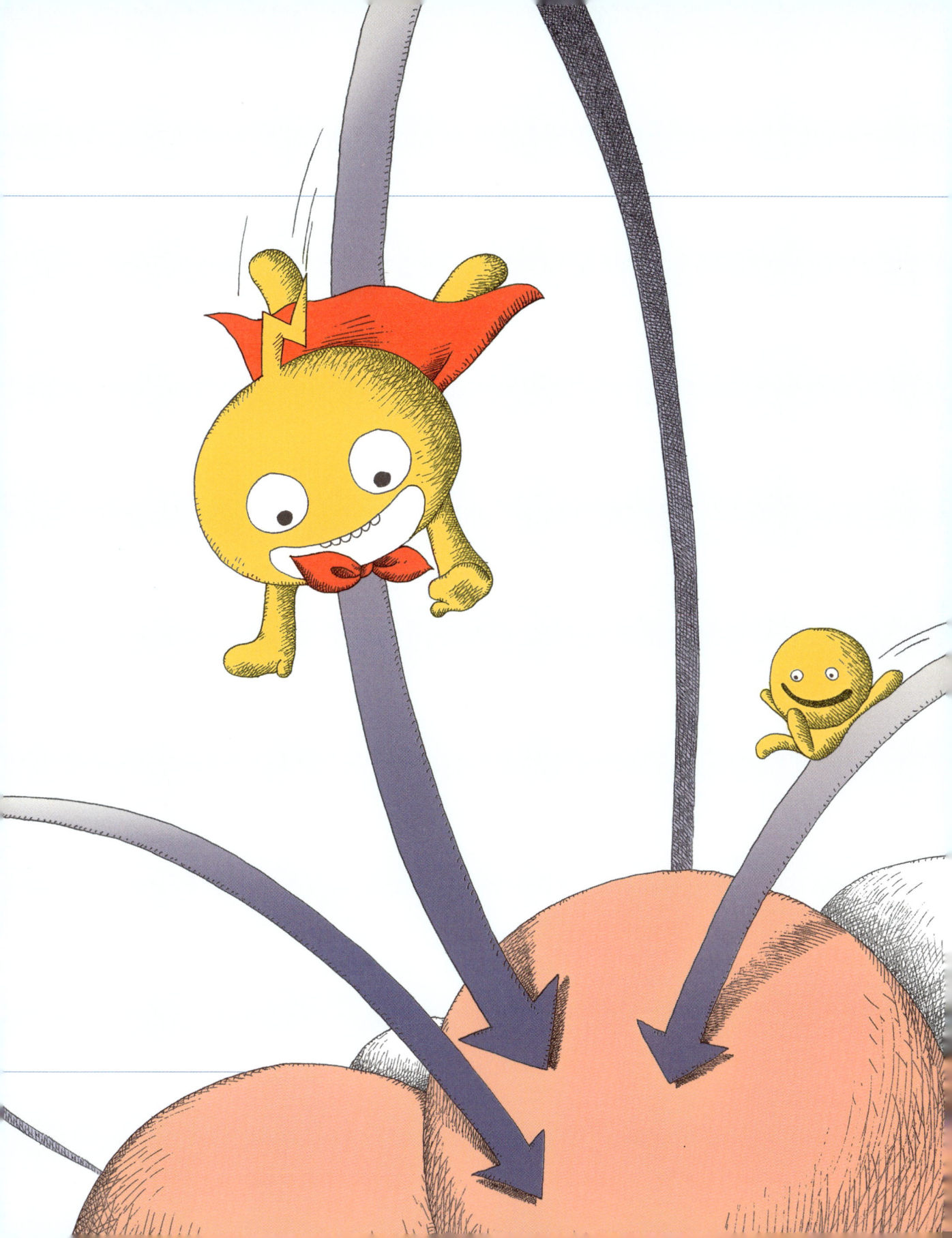

양성자와 우리 전자는 원자라는 집에 사는 가족이자 짝꿍이라고 할 수 있어. 약간 이상한 짝꿍이지만 말이야. 무슨 말이냐고? 자, 들어 봐.

우리 전자는 음전기를 띠고, 양성자는 양전기를 띤다고 했지? 이렇게 둘은 반대 전기를 띠지만 전기의 양은 서로 같아. 그래서 양성자와 우리 전자의 수가 같으면, 양전기와 음전기의 양이 같으므로 전기의 양은 0이 되는 거야. 즉, 전기가 없는 것과 같아. 이럴 때를 **전기적으로 중성**이라고 해.

원자는 평소에 같은 수의 양성자와 전자를 가지고 있으므로, 양전기와 음전기가 정확히 균형을 이루어 전기적으로 중성이야. 한 집에 같은 수의 양성자와 전자가 오순도순 사는 것과 같아. 이런 면에서 양성자와 우리 전자는 서로 균형을 이루는 환상의 짝꿍이라고 할 수 있지.

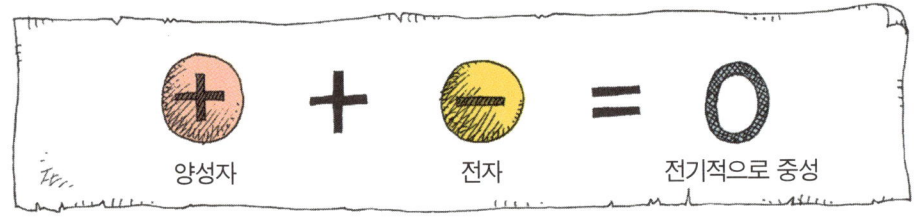
양성자 + 전자 = 전기적으로 중성

하지만 양성자와 우리 전자는 전혀 어울리지 않는 면도 있어.
우리랑 비교하면 양성자는 크기도 크고, 질량도 훨씬 크거든.
양성자는 전자보다 1840배쯤 무거워. 너보다 훨씬 크고,
엄청 무거운 짝꿍하고 나란히 있다고 생각해 봐. 어때,
정말 안 어울리겠지?

이렇게 양성자와 우리 전자는 어울리지 않아 보이지만, 의외로 사이가 좋은 짝꿍이야. 그래서 함께 원자를 이루고 전기 현상도 만들어 낸단다. 물론 양성자는 덩치가 큰 데다 느려서 주로 우리 전자가 일을 해. 그러니까 대부분의 전기 현상은 우리 전자가 만드는 거야.

그렇다고 양성자를 무시하면 안 돼. 양성자가 원자 속에서 중심을 잡고 있기 때문에 우리 전자가 그 주위를 돌 수 있고, 원자가 만들어지는 거야.

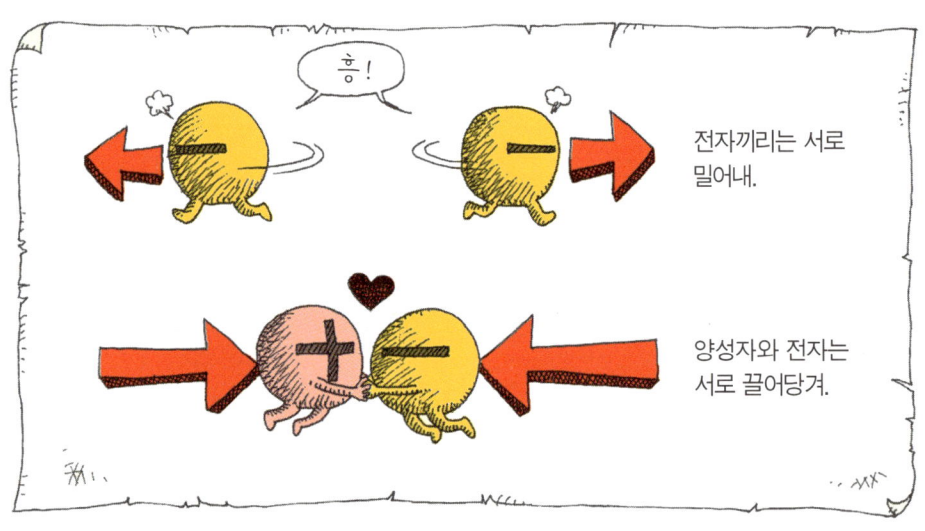

만약에 세상에 우리 전자만 있다면 원자도, 물질도 없을 거야. 왜냐하면 같은 전기끼리는 서로 밀어내고, 다른 전기끼리는 서로 끌어당기기 때문이야. 전자끼리 있으면 서로 밀어내지만, 양성자와 전자가 함께 있으면 서로 끌어당겨. 그래서 양성자 덕분에 우리 전자가 원자 속에 머물 수 있는 거야.

결론적으로 말하면, 대부분의 전기 현상을 만들어 내는 우리 전자도 중요하지만, 우리 전자와 함께 원자를 이루는 양성자 역시 중요하단 말씀!

전기 현상을 만들어 내는 전자

원래 원자에는 같은 수의 전자와 양성자가 들어 있어서 전기적으로 중성이라고 했지? 그래서 보통 때 원자는 전기를 띠지 않잖아. 바꿔 말하면, 우리 전자가 원자 속에서만 산다면 세상에 전기는 없을 거란 뜻이야.

하지만 우리는 매우 활발해서 이리저리 옮겨 다니는 걸 좋아해. 호시탐탐 원자 밖으로 나가려고 하지. 그렇다고 모든 전자가 원자 밖으로 나갈 수 있는 건 아니야. 그럼 어떤 전자가 원자 밖으로 나가는 걸까?

우리 전자 중에는 원자핵 가까이 있는 친구도 있고, 멀리 있는 친구도 있어. 원자핵 가까이 있는 친구는 원자핵이 강하게 끌어당

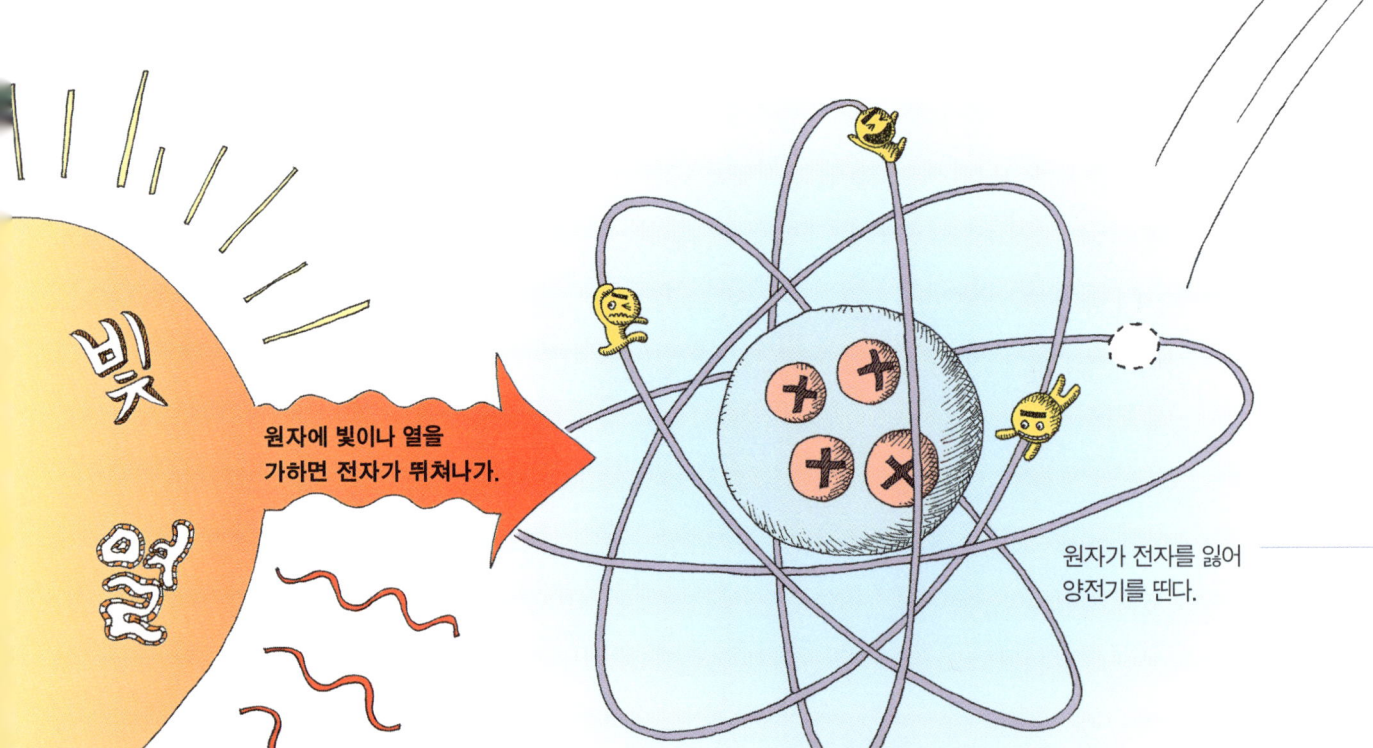

빛
열

원자에 빛이나 열을
가하면 전자가 뛰쳐나가.

원자가 전자를 잃어
양전기를 띤다.

원자가 전자를 얻어 음전기를 띤다.

기고 있어서 원자 밖으로 나가기 어려워. 그래서 늘 원자 속에 머물지. 하지만 원자핵에서 멀리 있는 친구는 원자핵이 끌어당기는 힘이 약해서 원자 밖으로 나가기 쉬워. 바로 이런 전자들 가운데 원자 밖으로 나간 전자를 특별히 **자유 전자**라고 해. 혹시 벌써 눈치 챘니? 이 토미님도 자유 전자란 걸.

그런데 말이야, 원자도 제각각이라서 원자핵이 끌어당기는 힘이 서로 다르단다. 어떤 원자는 원자핵이 끌어당기는 힘이 강해서 우리를 꼭 붙잡고 있어. 또 어떤 원자는 원자핵이 끌어당기는 힘이 약해서 우리를 느슨하게 붙잡고 있지. 당연히 우리를 느슨하게 붙잡고 있는 원자에서는 우리 전자가 밖으로 나오기 쉽겠지? 이럴

때는 조금만 힘을 써도 원자를 탈출할 수 있어. 하지만 우리를 힘껏 붙잡고 있는 원자에서는 그 반대야. 이런 원자는 오히려 주위의 전자를 끌어들여.

그런데 전자가 원자 밖으로 나가면 어떤 일이 벌어질까?
한마디로 원자가 전기를 띠게 돼. 양성자와 전자의 짝이 맞지 않기 때문이지. 원자 속의 양성자와 전자의 수가 같을 때는 전기적으로 중성이야. 그런데 원자가 전자를 잃으면 양성자 수가 많아져서 양전기를 띠고, 전자를 얻으면 전자 수가 많아져서 음전기를 띠게 돼.

결국 전자가 이동할 때 전기 현상이 나타나는 거야. 다시 말해 전기에서는 우리 전자가 주인공이란 거야.

전기를 띠는 원자는 **이온**이라고 해. 또 이온 중에서 양전기를 띠는 것은 **양이온**, 음전기를 띠는 것은 **음이온**이라고 해. 세상의

모든 전기 현상은 이온이나 원자를 떠나 이리저리 옮겨 다니는 나 같은 전자 때문에 나타나는 거야.

그렇다고 내가 이동하기만 하면 바로 전기 현상이 일어나는 것은 아니야. 우리 전자는 크기가 작은 만큼 전자 하나하나가 가지고 있는 전기의 양도 엄청 작아. 따라서 이동하는 전자의 수가 적으면 전기 현상은 일어나지 않아.

그럼 우리 전자가 가지고 있는 전기의 양은 얼마나 될까?

전기의 양은 다른 말로 **전하량**이라고 한단다. 그리고 전하량의 크기는 C(쿨롱)이라는 단위로 나타내.

이 토미님의 전하량을 말하자면, 0.00000000000000000016C(쿨롱)이야. 소수점 아래 0을 18개 쓴 다음 16을 쓴 것과 같은 양이야. 양성자와 우리 전자는 서로 다른 전기를 띠지만 전기의 양은 같으니까, 양성자 하나도 이만큼의 전

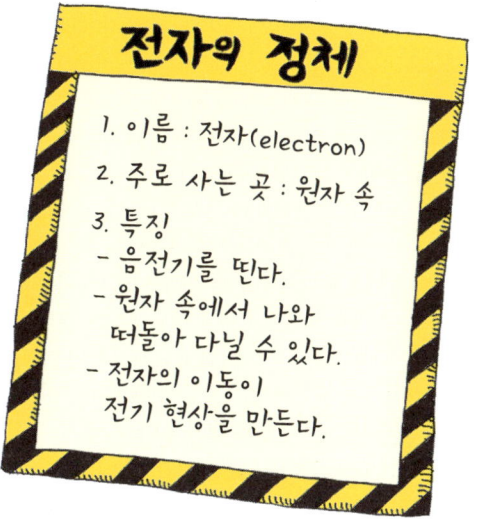

하량을 가지고 있지.

으흠! 그러니까 우리 전자가 전하량이 작은데도 큰일을 할 수 있는 비결은 말이야, 수많은 개미가 떼를 지어 일하는 것처럼 우리도 떼로 몰려다니기 때문이야.

전자 하나의 전하량은 아주 작지만, 엄청나게 많은 전자가 함께 몰려다니면서 전기 현상을 만들어 내고 큰일을 하는 거야.

세상에는 수많은 물건이 있어. 작은 물건 하나에도 아주 많은 원자가 있고, 또 원자 하나에도 작게는 한 개에서 많게는 수십 개의 양성자와 전자가 들어 있지. 원자나 양성자, 그리고 전자는 굉장히 작지만 그 수가 많아서 사람들이 깜짝 놀랄 일도 해낼 수 있는 거란다.

한번 상상해 봐! 네가 전등이나 컴퓨터, 텔레비전을 켤 때 엄청난 수의 우리 전자 친구들이 우르르 몰려가면서 빛을 내고, 멋진 그림과 노래를 만드는 모습을 말이야.

정전기를 잡아라!

원자를 떠난 전자들이 다른 곳으로 흘러가지 않고 한곳에 쌓이면 정전기가 생겨. 정전기는 주로 마찰에 의해 생기는데, 열이나 압력에 의해 생기기도 해. 정전기의 성질을 정확히 이해하면 생활에 다양하게 이용할 수 있지. 그럼 이제부터 전자가 어떻게 정전기를 발생시키는지 알아볼까?

정전기가 생기는 이유

추운 겨울에 옷을 벗을 때 따다닥 하면서 옷에 머리카락이 마구 달라붙은 적 있니? 또 자동차 문을 열 때 손이 찌릿찌릿한 적은?

범인은 바로 정전기야. 정전기는 이렇게 누구나 쉽게 만날 수 있어. 그렇다면 정전기는 어떻게 생기는 걸까?

지금으로부터 약 2500년 전, 고대 그리스에 탈레스라는 철학자가 있었어. 탈레스는 털가죽으로 호박을 닦으면 호박이 실이나 깃털 같은 작은 물체를 끌어당긴다는 사실을 발견했어. 물체를 서로 문지르면 다른 물체를 끌어당기는 성질이 생기는 거지. 즉 정전기를 발견한 거야.

탈레스가 털가죽으로 닦은 호박은 먹는 호박이 아니라, 송진이 화석으로 굳은 걸 말해. 호박은 색깔이 아름다워서 주로 보석이나 장식품으로 쓰여.

하지만 그때는 우리 전자가 발견되기 전이라서 탈레스는 정전기가 어떻게 생기는지 알지 못했어. 단지 호박을 문지르면 끌어당기는 성질이 생긴다고 생각했을 뿐이지. 훗날 호박이 아니라도 서로 다른 물체를 문지르면 끌어당기는 성질이 생긴다는 사실이 밝혀졌어. 물론 이것이 정전기라는 사실도 한참 뒤에 밝혀졌단다.

전기는 우리 전자가 이리저리 옮겨 다니기 때문에 생기는 거라고 했지? 정전기도 마찬가지야. 그럼 전기라고 하지, 왜 정전기라고 부르냐고? 그것은 전자들이 다른 곳으로 흘러가지 않고 한곳에 쌓여 있기 때문이야. 정전기의 정(靜)은 '정지하다'란 뜻이야. 그러니까 흘러가지 않고 한곳에 정지해 있는 전기를 **정전기**라고 하는 거야.

서로 다른 물체를 문지르면 우리 전자가 한 물체에서 다른 물체로 옮겨 가 쌓이게 돼. 이렇게 서로 다른 물체를 문지를 때 생기는 정전기를 **마찰 전기**

그럼 정전기처럼 정지해 있지 않고 흘러가는 전기는 뭐라고 할까? 답은 전류(電流)야. 전류 이야기는 3장에서 하기로 해.

라고 해. 두 물체를 마찰하면 한 물체는 전자가 떠나 양전기를 띠고, 다른 물체는 전자를 얻어 음전기를 띠게 돼. 이렇게 전기를 띠는 현상을 **대전**이라 하고, 전기를 띠게 된 물체를 **대전체**라고 해.

준비할 것이야.

빗(플라스틱으로 만든 것이 좋음.)

이렇게 실험해 봐.

빗으로 머리를 빗은 뒤, 머리카락 가까이 대 봐. 간단하지?

이렇게 될 거야.

머리카락이 뻗치며 빗에 달라붙어.

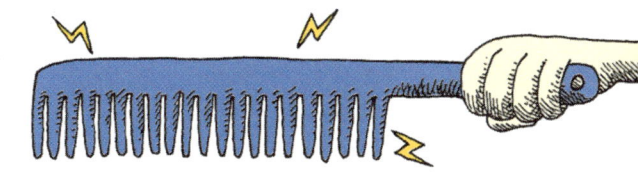

왜 이런 일이 일어날까?

물체는 원자로 이루어져 있지? 또 어떤 원자는 전자를 잃기 쉽고, 어떤 원자는 전자를 얻기 쉬워. 그래서 두 물체를 마찰하면 물체가 어떤 원자로 이루어져 있는지에 따라 전자를 잃거나 얻어. 전자를 잃기 쉬운 원자를 가진 물체에서 전자를 얻기 쉬운 원자를 가

  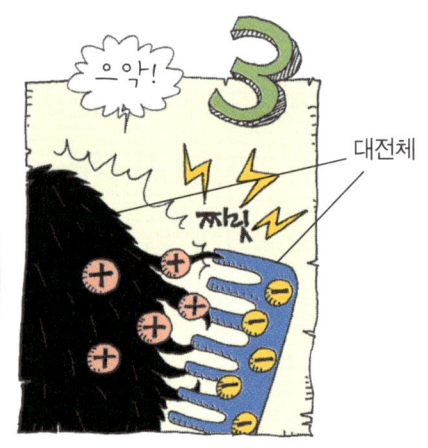

마찰하기 전에는 빗과 머리카락 모두 전기를 띠지 않아. 전기적으로 중성이지.

머리카락을 빗으면 머리카락에 있던 전자들이 우르르 빗으로 건너가.

머리카락은 양전기, 빗은 음전기로 대전돼. 정전기가 생긴 거야. 이때 머리카락에 빗을 가까이 대면 서로 전기가 달라서 끌어당겨.

진 물체로 전자들이 이동하는 거야.

    빗으로 머리를 빗을 때도 이와 같아. 머리카락을 이루는 원자는 빗을 이루는 원자보다 전자를 잃기 쉬워서 머리카락에서 빗으로 전자들이 이동해. 이렇게 해서 머리카락과 빗이 다른 전기를 띠게 되어 서로 끌어당겨. 이동했던 전자들은 곧 제자리로 모두 돌아가. 그러면 머리카락과 빗은 다시 전기적으로 중성이 되어서 달라붙지 않게 되는 거야.

대전 순서

서로 다른 물체를 마찰하면 정전기가 생겨. 그럼 사람들은 정전기를 항상 느낄 수 있을까? 네 생각은 어때? 답은 '아니다'야. 우리 전자는 활발해서 물체끼리 부딪치기만 해도 한쪽에서 다른 쪽으로 이동해. 하지만 중요한 것은 이동하는 전자의 수야. 그 수가 많을 때만 사람들이 정전기를 느낄 수 있어. 이동하는 전자의 수가 적으면 마찰해도 정전기를 느낄 수 없다는 얘기지. 그럼 어떤 경우에 우리 전자가 많이 이동할까?

두 물질의 전기적 성질이 크게 다를수록 많은 전자가 이동하고 정전기도 뚜렷이 느낄 수 있어.

과학자들은 두 물질을 문지르면 어떤 물질이 양전기로 대전되고, 어떤 물질이 음전기로 대전되는지를 알아냈어. 그 순서를 **대전열**이라고 해. 대전열은 원자마다 전자를 잃거나 얻는 성질이 다르기 때문에 생기는 거야. 주위에서 흔히 보는 몇몇 물질의 대전열은 오른쪽 그림과 같아.

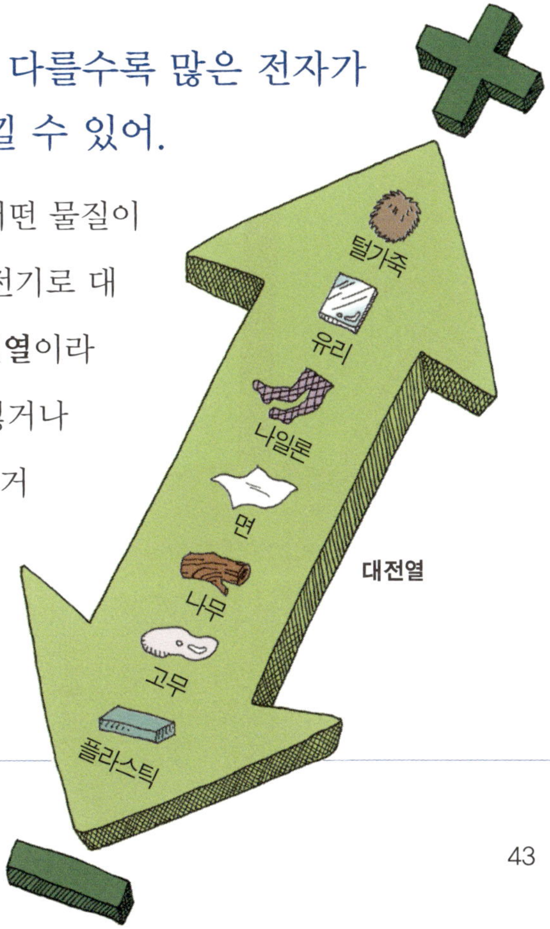

털가죽
유리
나일론
면
나무
고무
플라스틱

대전열

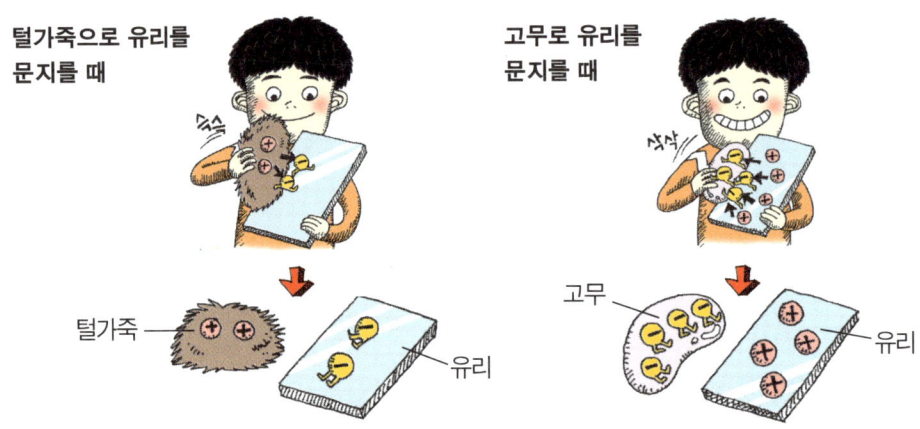

대전열에서 (+)쪽에 있는 물질은 전자를 잃기 쉽고, (−)쪽에 있는 물질은 전자를 얻기 쉬워. 그래서 털가죽으로 유리를 문지르면 털가죽은 전자를 잃어서 양전기로 대전되고, 유리는 전자를 얻어서 음전기로 대전돼.

고무로 유리를 문지르면 어떻게 될까? 유리는 전자를 잃어서 양전기로 대전되고, 고무는 전자를 얻어서 음전기로 대전돼.

어떤 물질과 마찰하느냐에 따라 유리는 양전기를 띠기도 하고 음전기를 띠기도 하는 거야. 또 대전열에서 서로 멀리 있는 두 물질끼리 마찰할수록 우리 전자가 많이 이동해. 대전열에서 서로 멀리 떨어질수록 전기적 성질이 크게 다르거든. 결국 털가죽보다 고무로 유리를 문지를 때 전자가 더 많이 이동하게 되어 정전기도 더 뚜렷이 나타나. 한번 직접 해 봐!

세상의 모든 물질은 전기적 성질에 의해 도체와 부도체로 나눠져. **도체**는 우리 전자가 쉽게 돌아다닐 수 있는 물질이야. 대부분의 금속은 도체야. 플라스틱, 고무, 나무, 흙과 같이 우리 전자가 돌아다닐 수 없는 물질은 **부도체**야. 도체에서는 우리가 마음대로 돌아다닐 수 있기 때문에 한곳에 많이 쌓이지 않아. 그래서 정전기는 도체에서는 생기지 않고 부도체에서만 생겨.

겨울에 정전기가 잘 생기는 것도 이와 관계있어. 겨울에 비해 여름에는 공기 속에 수분이 많은데, 물은 우리 전자가 흘러가는 좋은 통로가 돼. 그래서 공기나 물체가 수분을 많이 포함하고 있으면

도체 자유 전자가 많아서 전기가 잘 통해.

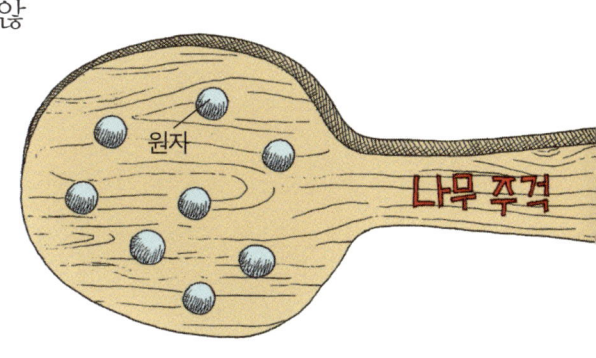

부도체 자유 전자가 없어서 전기가 통하지 않아.

전자가 쌓이지 않고 흘러가 버려. 하지만 겨울에는 건조해서 전자가 흘러가지 않고 한쪽에 쌓이게 돼. 그래서 겨울에 정전기가 자주 생기는 거야.

정전기는 열이나 압력을 가해도 생길 수 있어. 놀라운 것은 생물체에서도 정전기가 생긴다는 거야. 생물체가 내는 정전기는 대부분 아주 약하지만, 강한 경우도 있어. 전기뱀장어가 대표적인 예야. 전기뱀장어가 내는 정전기는 네가 집에서 쓰는 전기보다 최대 3배쯤 강력해. 이것은 사람도 기절할 만큼 강한 전기 충격이야. 이렇게 전기뱀장어는 강력한 정전기를 내서 먹이를 잡거나 적을 물리친단다. 굉장하지? 너도 전기뱀장어처럼 몸에서 전기를 만들 수 있으면 좋겠다고? 뭐, 상상은 자유야. 하하하!

전기력

물체를 문지르면 우리 전자가 옮겨 가서 전기를 띠게 되고, 대전체가 만들어져. 그럼 두 대전체 사이에는 어떤 일이 생길까?

유리공 두 개를 털가죽으로 문지르면 두 유리공 사이가 멀어져. 두 유리공이 음전기를 띠게 되어 서로 밀어내는 힘이 작용한 거야.

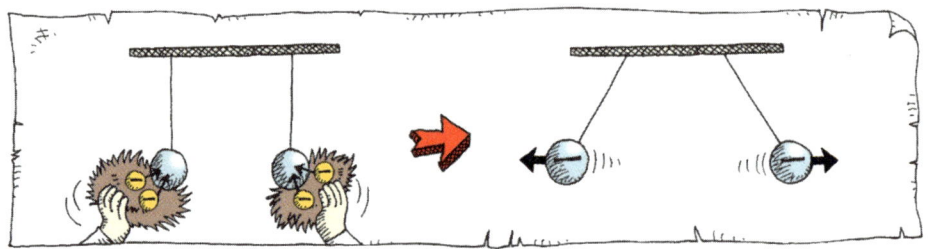

유리공 하나는 털가죽으로, 다른 하나는 고무로 문지르면 두 유리공 사이가 가까워져. 하나는 음전기, 다른 하나는 양전기를 띠게 되어 서로 끌어당기는 힘이 작용한 거지.

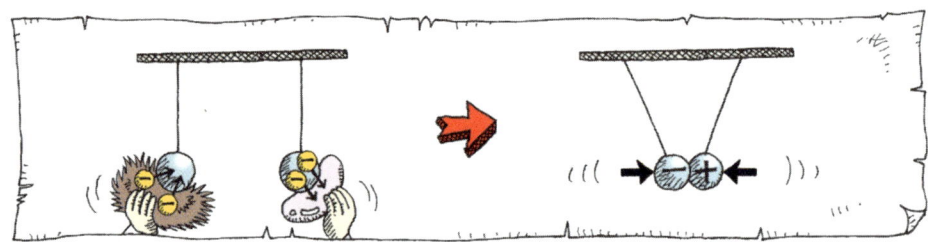

결국 두 대전체를 가까이하면 같은 전기를 띤 대전체끼리는 서

로 밀어내는 힘이 작용하고, 다른 전기를 띤 대전체끼리는 서로 끌어당기는 힘이 작용해. 이렇게 대전체 사이에 작용하는 힘을 **전기력**이라고 해.

전기력은 대전체 사이의 거리와 전하량에 따라 크기가 달라져. 이 사실을 처음 알아낸 사람은 프랑스의 과학자 쿨롱이야. 쿨롱은 다음과 같은 중요한 사실을 밝혀냈어.

두 물체 사이의 전기력은 두 물체의 전하량의 곱에 비례하고, 두 물체 사이의 거리 제곱에 반비례한다.

이것이 그 유명한 **쿨롱의 법칙**이야. 간단히 말하면, 물체 사이의 거리가 가깝고 물체의 전하량이 클수록 전기력이 커진다는 거야. 전하량의 크기를 나타내는 단위 C(쿨롱)

은 전기력이 어떻게 작용하는지를 밝혀낸 과학자 쿨롱의 업적을 기리기 위해 그의 이름에서 따온 거야.

이제 물체가 전기를 띠게 되면 물체 사이에 전기력이 작용한다는 사실을 알겠지? 그런데 전기를 띤 물체를 다른 물체 가까이 가져가면 작은 불꽃이 생기기도 해. 그것은 한곳에 쌓여 있던 전자들이 한꺼번에 다른 물체로 옮겨 가면서 나타나는 현상이야. 우리 전자는 흘러갈 수 있는 통로가 생기면 앞을 다투어 한꺼번에 달려가거든. 사람의 몸이나 금속은 우리 전자가 흘러가는 통로가 될 수 있어. 그래서 정전기를 띤 손으로 금속을 잡으면 불이 번쩍 나는 거야. 하지만 발생하는 열이 많지 않기 때문에 그다지 위험하지는 않아. 조금 성가실 뿐이지.

정전기 유도와 천둥·번개

이제 조금 더 재미있는 이야기를 해 볼까? 철이나 구리 같은 도체 안에는 셀 수 없을 만큼 많은 전자들이 돌아다니고 있어. 우리에게 금속은 신 나는 놀이터인 셈이야. 이런 금속에 전기를 띤 물체를 가까이 대면 어떻게 될까?

구리판에 음전기를 띤 유리 막대를 가까이 대면 구리판 속에 있는 전자들이 멀리 밀려나.

반대로 양전기를 띤 유리 막대를 가까이 대면 우리 전자가 가까이로 끌려가. 같은 전기끼리는 서로 밀어내고 다른 전기끼리는 서로 끌어당기기 때문이야.

이렇게 금속 도체 가까이 대전체를 가지고 오면 우리 전자가 멀리 밀려나거나 가까이 끌려와. 그래서 대전체와 가까운 쪽에는 대

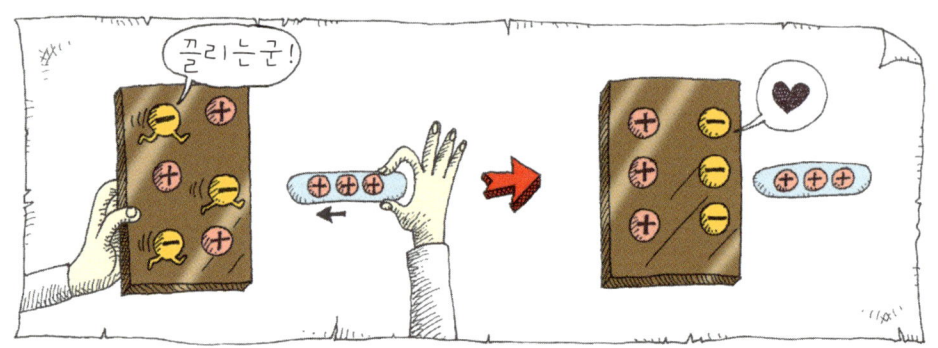

전체와 다른 전기를 띠게 되고, 반대쪽에는 대전체와 같은 전기를 띠게 되는데, 이것을 **정전기 유도**라고 해.

하늘을 한번 쳐다봐. 구름이 떠 있지? 저 구름 속에서 마찰 전기와 정전기 유도가 발생하기도 해. 이때는 하늘에서 커다란 불꽃이 번쩍이고, 엄청난 폭발 소리가 난단다. 바로 번개와 천둥이야.

번개와 천둥은 마찰 전기와 정전기 유도로 생겨.

수많은 전자 친구들이 갑자기 이 구름에서 저 구름으로 건너뛰거나, 구름에서 땅으로 건너뛸 때 생기는 것이 **번개**와 **천둥**이야.

번개 중에서 땅으로 떨어지는 번개는 **벼락**이라고 해. 비 오는 날이면 종종 나무에 벼락이 떨어지지? 물에 젖은 나무가 좋은 도

체가 되기 때문이야. 전기를 띤 구름이 땅 가까이 오면 나무도 정전기 유도에 의해 전기를 띠게 돼. 그런데 우리 전자는 뾰족한 곳에 모이는 걸 좋아해서 땅보다 나무에 더 많이 모이게 돼. 따라서 천둥 번개가 치는 날에는 높은 산에 올라가거나 큰 나무 밑으로 피하면 안 돼. 오히려 낮은 곳에 엎드리는 편이 안전해.

과학자들은 우리가 뾰족한 곳을 좋아한다는 사실을 잘 이용했어. 건물의 가장 높은 곳에 세우는 끝이 뾰족한 금속 막대기, 즉 **피뢰침**이 바로 그 예야. 피뢰침에 도선을 연결하여 땅속에 묻으면 벼락의 피해를 막을 수 있어. 전자들이 도선을 따라 땅속으로 흘러가 버리기 때문이지. 과학자들은 참 똑똑해!

내가 해결해 주지.

에구구..

정전기 없애거나 이용하기

정전기는 사람들을 귀찮게 해. 때로는 큰 피해를 입히지. 그래서 사람들은 정전기를 없애는 여러 가지 방법을 생각해 냈어. 예를 들면 도선을 땅에 묻거나 알루미늄 포일을 이용하는 거야. 모두 우리 전자가 한곳에 쌓이지 않도록 해서 정전기를 없애는 거야.

하지만 사람들이 골칫덩이로 여기는 정전기도 꽤 쓸모가 있어. 서로 다른 전기끼리 끌어당기는 성질을 이용하면 많은 일을 할 수

도선을 땅에 묻기 물체에 연결한 도선을 땅에 닿게 하거나 땅속에 묻는 거야. 그러면 물체에 쌓여 있던 전자가 도선을 따라 땅으로 쉽게 흘러가. 유조차에 달린 쇠사슬도 전자를 땅으로 흘려 보내기 위한 거야.

알루미늄 포일로 싸기 정전기에 민감한 부품을 보관할 때는 전기가 잘 흐르는 알루미늄 포일로 싸면 좋아. 전자들이 알루미늄 포일을 통해 흘러가거나 넓게 퍼지거든.

정전기 방지 스프레이 뿌리기 옷을 입거나 벗을 때 생기는 정전기를 막으려면 정전기 방지 스프레이를 뿌리면 돼. 스프레이는 전자가 다른 곳으로 흘러가도록 도와줘.

있거든. 먼지를 모으고 복사도 할 수 있지.

사람들은 우리 전자가 정전기를 만들어 말썽만 피운다고 생각할지 모르지만 사실은 그렇지 않아. 우리가 왜 사람들을 쓸데없이 괴롭히겠어? 다만 자연 법칙에 따라 여기저기에 쌓이는 것뿐이야. 오히려 정전기를 잘 이용해 봐. 작은 불편쯤은 별거 아닐 정도로 훨씬 편리한 생활을 할 수 있을 거야.

먼지 모으기 공장의 굴뚝에서 나오는 먼지들은 높은 열기 속에서 서로 부딪치며 전기를 띠게 돼. 이때 정전기를 이용해 먼지를 한곳에 모은 뒤 없앨 수 있어. 먼지떨이도 정전기를 이용해 먼지를 모으는 거야.

복사하기 복사기 속에는 금속 원통이 있어. 정전기는 원통에 글자 모양대로 탄소 가루가 달라붙게 해. 원통에 달라붙은 탄소 가루를 종이에 눌러 붙이면 복사가 되는 거야.

인공 털옷 만들기 요즘에는 진짜 털옷 같은 인공 털옷이 많아. 어떻게 그 많은 털을 촘촘히 심었는지 궁금하지? 정전기를 이용하면 작은 털을 일렬로 빼곡하게 세울 수 있어. 털을 잘 세우고 한쪽에 접착제를 바르면 진짜 같은 털옷이 돼.

전기가 흘러!

전자는 이리저리 돌아다니는 것을 좋아해.
사람들은 전자가 흘러가는 것을 전류라고 불러.
어떻게 하면 전류가 잘 흐를 수 있는지, 또 전류가
흘러 다니는 전기 회로에 대해 이야기해 보기로 해.

흐르는 전기

전기가 흘러가지 않고 한곳에 정지해 있는 것을 정전기라고 했지? 뭐, 하도 들어서 지긋지긋하다고? 그게 바로 내가 노리는 거야. 이제 더 이상 정전기를 모른다고 할 수 없을걸. 으하하!

네가 평소에 쓰는 전기는 흐르는 전기야. 정전기는 쉽게 생기지만 금방 사라져 버리기 때문에 전기 기구에 사용할 수 없어. 하지만 흐르는 전기는 정전기와 달리 여러 가지 일을 할 수 있지.

전구나 컴퓨터, 텔레비전 같은 전기 기구를 움직이려면 전기가 계속 흘러야 해. 나와 우리 전자 친구들이 계속해서 달려가면서 힘을 써야 네가 불도 켜고, 게임도 하고, 텔레비전도 볼 수 있단 말씀! 이렇게 우리 전자가 모두 같은 방향으로 계속해서 흘러가는 것을 **전류**라고 해.

즉, 전류는 전자의 흐름이야.

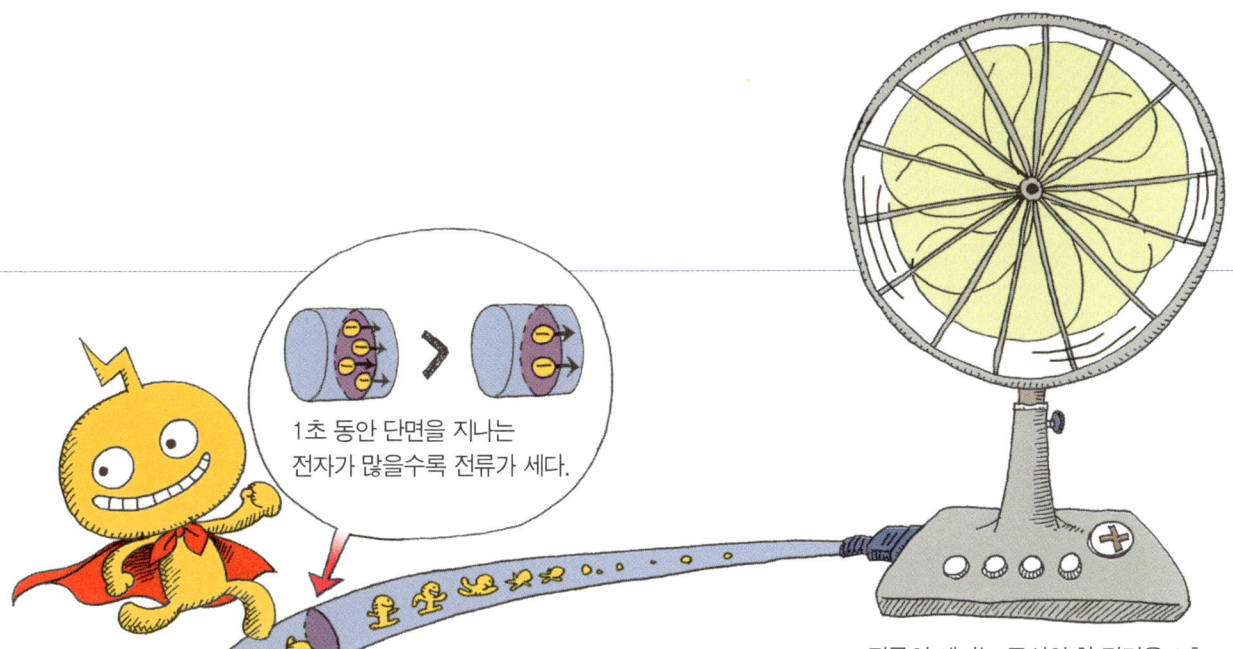

1초 동안 단면을 지나는 전자가 많을수록 전류가 세다.

전류의 세기는 도선의 한 단면을 1초 동안에 지나가는 전하량으로 나타내.

그렇다고 전류가 꼭 전자의 흐름만을 뜻하는 것은 아니야. 물질이 녹아 있는 용액 속에는 전기를 띤 원자인 이온이 들어 있는데 이런 이온들도 흘러갈 수가 있어. 이렇게 이온이 한쪽에서 다른 쪽으로 흘러가는 것도 전류야.

전류의 세기는 **A(암페어)**라는 단위로 나타내. 1A(암페어)는 1초 동안에 1C(쿨롱)의 전하량이 흐르는 거야. 나 같은 전자 하나가 가지고 있는 전하량이 얼마나 작은지는 1장에서 말했지? 1C이 되려면 우리 전자가 무려 600억 곱하기 1억 개나 필요해. 다시 말해서 1A는 1초에 6×10000000000000000000개의 전자가 지나갈 때의 전류 세기야.

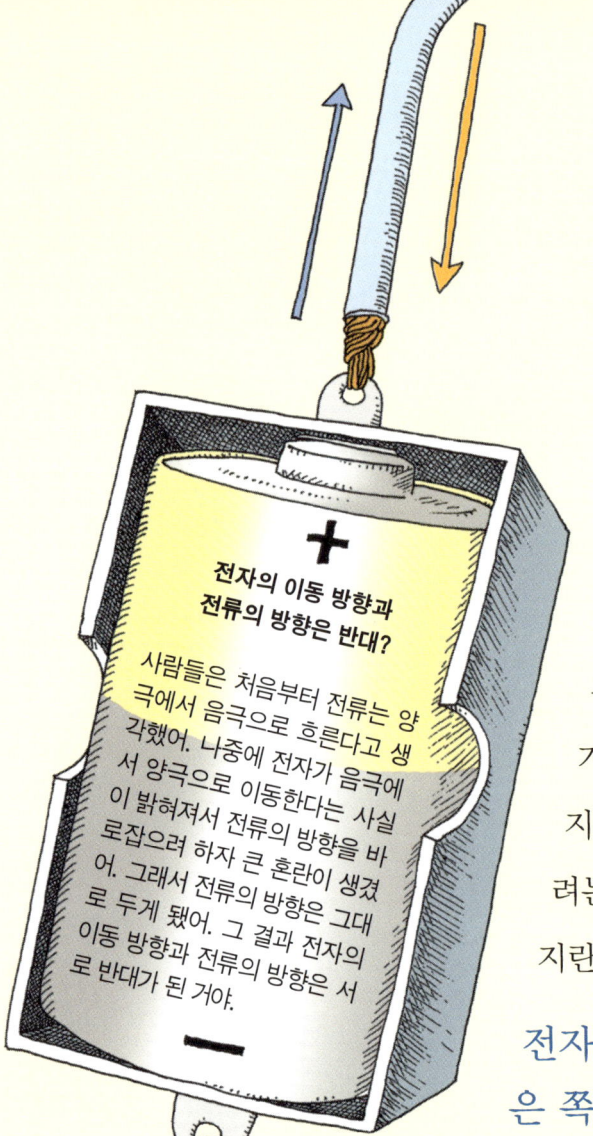

전자의 이동 방향과 전류의 방향은 반대?

사람들은 처음부터 전류는 양극에서 음극으로 흐른다고 생각했어. 나중에 전자가 음극에서 양극으로 이동한다는 사실이 밝혀져서 전류의 방향을 바로잡으려 하자 큰 혼란이 생겼어. 그래서 전류의 방향은 그대로 두게 됐어. 그 결과 전자의 이동 방향과 전류의 방향은 서로 반대가 된 거야.

그런데 어떻게 하면 우리 전자가 흘러갈 수 있을까? 그 비밀은 에너지 차이에 있어. 높은 곳에 있는 물이 아래로 흐르는 것과 같은 이치지. 물이 아래쪽으로 흐르는 것은 위쪽이 아래쪽보다 에너지가 크기 때문이야. 모든 물체는 에너지가 큰 쪽에서 작은 쪽으로 이동하려는 성질이 있어. 우리 전자도 마찬가지란다.

전자는 에너지가 높은 쪽에서 낮은 쪽으로 흘러가.

우리 전자가 한곳에 많이 쌓여 있으면 에너지가 높아져. 그럼 우리는 어떻게 하든 에너지가 낮은 쪽으로 흘러가려고 하지. 이렇게 에너지 차이 때문에 우리 전자들이 흘러가는 거야.

전자의 이동 방향

전류의 방향

　두 물체나 두 점 사이의 전기 에너지 차이를 **전압**이라고 해. 전기 에너지의 차이가 클수록, 즉 전압이 높을수록 전류가 잘 흘러. 높이 차가 클수록 물이 세게 흐르는 것과 똑같아. 전압의 단위는 **V(볼트)**로 나타내. 네가 집에서 사용하는 전기는 거의 220V(볼트)야.

　물이 관을 따라 흐르듯 전류도 **도선**을 따라 흘러. 도선은 우리 전자가 다니는 길이야. 하지만 길이나 굵기에 따라서 우리 전자는 잘 흘러가기도 하고 방해를 받기도 해. 관이 넓으면 한꺼번에 물이 많이 흐르고, 관이 좁으면 물이 적게 흐르잖아. 마찬가지로 도선이 넓으면 전자들이 많이 흘러가서 전류가 세고, 도선이 좁으면 전자들이 적게 흘러가서 전류가 약하지.

　이처럼 전류가 도선을 따라 흐를 때 전자들의 흐름을 방해하는 성질을 도선의 **전기 저항** 또는 **저항**이라고 해. 저항은 Ω(옴)이라는 그리스 문자로 단위를 나타내. 도선의 저항이 클수록 전류는 약해. 우리가 흘러가는 것을 방해하는 힘이 셀수록 흘러가기 힘든 게 당연하잖아. 예를 들면 전압이

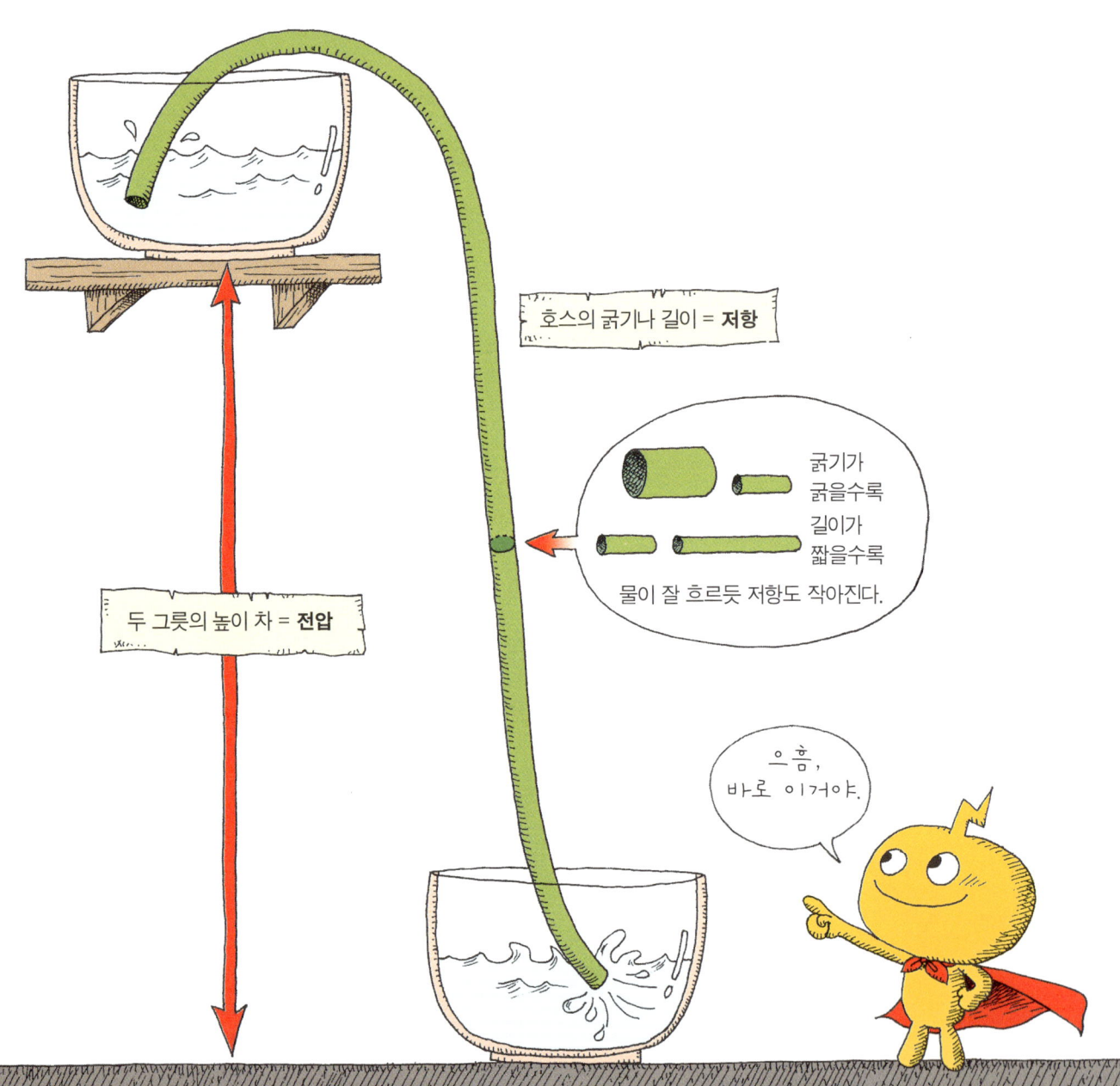

같을 경우, 저항이 10Ω인 도선에는 저항이 1Ω인 도선보다 10분의 1밖에 전류가 흐르지 못해.

후유, 머리가 좀 아프지? 그럴 줄 알고 이 토미님이 준비한 게 있지. 전기의 흐름을 물의 흐름과 비교해서 정리해 보는 거야.

자, 왼쪽처럼 물이 담겨 있는 두 그릇을 호스로 연결해 봐. 그러면 두 그릇의 높이 차이는 바로 전기의 전압, 호스의 굵기나 길이는 저항이라고 할 수 있어. 물론 흐르는 물의 양은 전류이고 말이야. 어때, 간단하지? 모두 전기를 이해하려면 꼭 알아야 할 중요한 용어들이니까 잘 기억해 둬.

옴의 법칙

전류, 전압, 저항 사이의 관계를 처음으로 밝혀낸 사람은 독일의 과학자 옴이야. 저항의 단위 Ω도 옴을 기념하여 붙인 거야. 그러고 보니 새로운 발견을 하면 그것을 발견한 과학자의 이름을 붙이는 경우가 많아. 너도 한번 도전해 보는 건 어때? 아직도 밝혀내야 할 비밀이 많은데……. 네 이름을 딴 새로운 발견이라, 상상만 해도 기분 좋지?

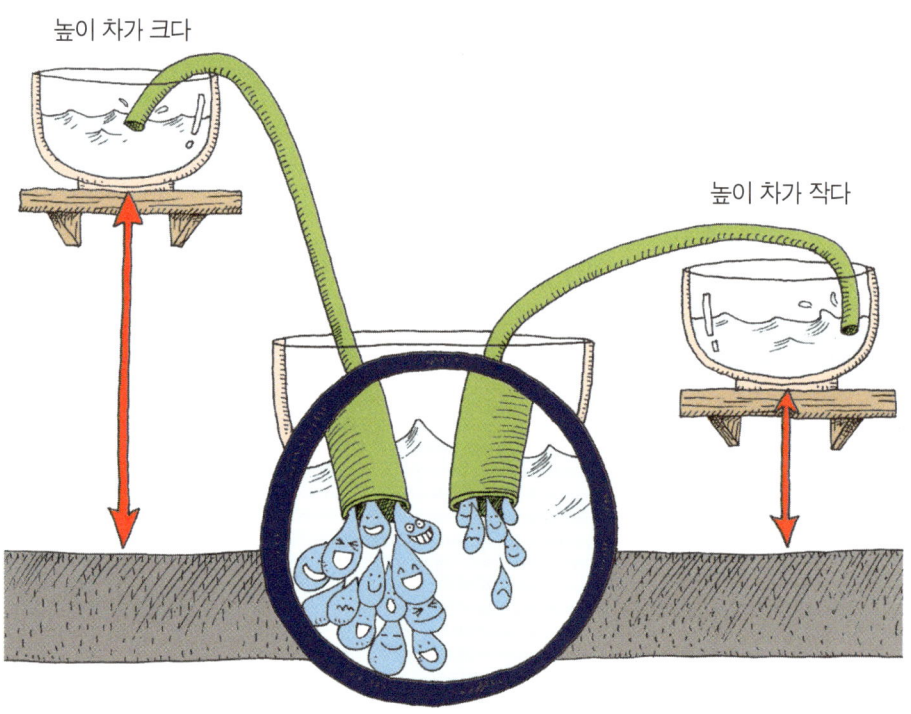

높이 차가 크다

높이 차가 작다

자, 다시 원래 하던 이야기로 돌아가서 과학자 옴이 어떤 발견을 했는지 알아보기로 해.

전압이 높으면 전류가 잘 흐르잖아? 즉, 전류는 전압에 비례해. 물을 담은 두 그릇의 높이 차가 클수록 물의 속도가 빨라져 같은 시간에 많은 물이 흐르는 것과 같아.

그러나 전류의 흐름을 방해하는 저항은 작을수록 전류가 잘 흘러. 즉, 전류는 저항에 반비례해. 호스의 굵기가 굵을수록 많은 물이 흐르는 것과 같지.

가는 호스   굵은 호스

따라서 전류는 전압에 비례하고, 저항에 반비례해.

전압은 클수록, 저항은 작을수록 우리 전자가 더 많이 힘차게 흘러간다는 뜻이야. 이것이 **옴의 법칙**이란다. 옴의 법칙을 멋지게 식으로 나타내면 다음과 같아.

옴의 법칙을 이용하면 두 가지 양을 알고 있을 때 나머지 하나의 양을 쉽게 구할 수 있어. 예를 들면 전압이 220V인 전원에 저항이 100Ω인 전기 기구를 연결했을 때 얼마의 전류가 흐르는지 쉽게 계산할 수 있지. 우리 전자에게 이 정도 계산은 식은 죽 먹기인데, 너도 잘할 수 있지? 답은 2.2A야.

$$전류 = \frac{전압}{저항} = \frac{220(V)}{100(Ω)} = 2.2(A)$$

전기 기구를 작동하려면 얼마만큼의 전기 에너지가 필요할까? 주변에 있는 전기 기구를 한번 살펴봐! 110V 또는 220V라는 표시가 보일 거야. 110V나 220V는 이 전기 기구에 연결해 사용할 수 있는 전압을 나타내. 따라서 110V라고 표시된 전기 기구를 220V에 연결하거나 220V라고 표시된 전기 기구를 110V에 연결하면 안 돼. 정해진 것보다 높은 전압에 연결하면 우리 전자가 너무 많이 흘러서 전기 기구가 고장 나. 반대로 정해진 것보다 낮은 전압에 연결하면 우리 전자가 너무 적게 흘러서 전기 기구가 제대로 작동하지 않아. 그래서 전기 기구들은 제각각 작동하는 데 필요한 전압이 정해져 있어.

전류, 전압, 저항의 정체

1. 전류 : 1초 동안에 지나가는 전기의 양으로 단위는 A(암페어)로 나타낸다.
2. 전압 : 전기 에너지 차이로 단위는 V(볼트)로 나타낸다.
3. 저항 : 전류가 흐르는 것을 방해하는 성질의 크기로 단위는 Ω(옴)으로 나타낸다.
4. 특징
   - 전류 = $\dfrac{전압}{저항}$ 이라는 옴의 법칙이 성립한다.
   - 전기 회로를 이루는 기본 요소이다.

전기 회로

우리 전자가 계속 흘러가려면 도선으로 연결되어야 해. 이렇게 전기를 사용하기 위해서 필요한 부품들이 도선으로 연결되어 있는 것을 **전기 회로**라고 해. 한마디로 전기 회로는 전류가 지나는 통로야. 우리 전자가 다니는 길인 셈이지. 모든 전기 기구는 크고 작은 전기 회로로 되어 있어. 네가 전기를 쓸 수 있는 것도 전기 회로가 있기 때문이야.

그렇다면 전기 회로는 무엇으로 이루어져 있을까? 전기 회로에는 우리 전자가 흘러가는 데 필요한 에너지를 주는 곳, 즉 전압을 만드는 곳이 있어. 이것을 **전원**이라고 해.

전기 회로

스위치

예를 들면 전지나 발전소가 전압을 만드는 전원이야. 그러니까 전기 회로에는 전지나 발전소 같은 전원이 있어야 해.

그리고 도선이 있어야겠지? 도선은 전기 저항이 작아서 우리 전자가 방해를 받지 않고 쉽게 흘러갈 수 있는 물질이 좋아. 저항이 가장 작은 물질은 은이야. 그런데 은은 너무 비싸서 도선으로는 적당하지 않아. 그래서 도선은 대개 구리나 알루미늄과 같이 저항이 작고 가격도 비싸지 않은 금속으로 만들어.

전기 회로에는 전원과 도선뿐만 아니라 전기 기구가 있어. 전기 기구에는 대부분 큰 저항이 들어 있어서 전류의 흐름을 방해해. 예를 들면 백열전구 안에는 텅스텐으로 된 저항이 있어서 전류가 흐를 때 전자들이 텅스텐 원자들과 부딪치면서 빛과 열을 내는 거야. 만약에 저항 없이 전원을 도선으로만 직접 연결하면 한꺼번에 큰 전류가 흘러서 도선이 녹아 버리거나 불이 날 거야. 그러니까 전기 회로에는 전원과 도선 외에 전기 기구와 같은 저항이 있어야 해.

또한 전기 회로는 전원에서 시작되어 다시 돌아올 때까지 끊어

전지
(전원)

전구
(전기 기구)

도선

전기 회로도

진 곳이 없어야 돼. 하지만 끊어진 곳이 아주 없는 것은 아니야. 스위치는 전기 회로를 끊었다 이었다 하는 장치야. 스위치를 닫아 회로를 연결하면 우리 전자가 신 나게 흐르고, 스위치를 열어 회로가 끊어지면 우리 전자는 흐르지 못하지. 너희 집에도 스위치가 많이 있지? 이런 스위치들이 벽 속에 있는 도선을 끊었다 이었다 하는 역할을 해.

전기 회로는 기호로 간단히 나타낼 수 있어. 이를 **전기 회로도**라고 해. 아무리 복잡한 전기 회로라도 전기 회로도로 나타내면 훨씬 간단해져. 우리 전자들이 이동하는 길이며, 우리가 어디서 무슨 일을 하는지 따위를 좀 더 쉽게 알 수 있지. 전기 기구를 만들거나 수리하는 사람들은 전기 회로도를 보고 전기가 어떤 작용을 하는지 알아내.

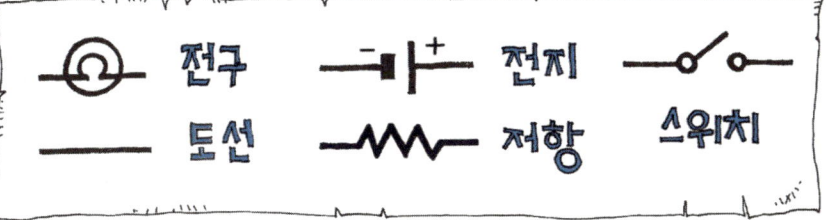

직렬 연결과 병렬 연결

전기 회로는 여러 가지 방법으로 연결할 수 있어. 전구 한 개에 여러 개의 전지를 연결하려면 어떻게 해야 할까? 방법은 크게 두 가지야. 하나는 전지를 일렬로 연결하는 방법이야. **직렬 연결**이라고 해. 다른 하나는 전지를 나란히 연결하는 방법이야. **병렬 연결**이라고 해. 간단한 활동으로 그 차이를 한번 알아볼까?

한쪽에는 전지 한 개에 전구 한 개를 연결하고, 다른 쪽에는 전지 두 개를 직렬 연결한 후 전구 한 개와 연결해 봐. 전지를 직렬 연결하려면 아래 그림처럼 한 전지의 (−)극에 다른 전지의 (+)극을 연결하면 돼.

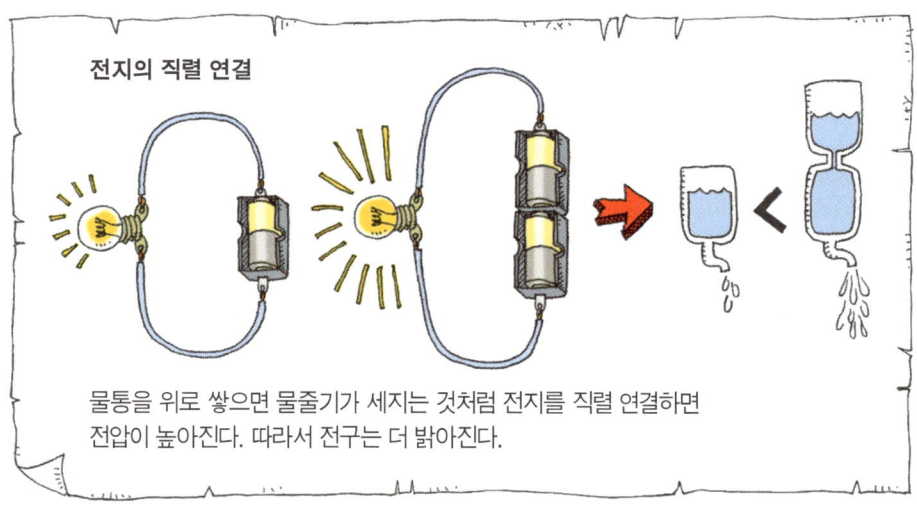

물통을 위로 쌓으면 물줄기가 세지는 것처럼 전지를 직렬 연결하면 전압이 높아진다. 따라서 전구는 더 밝아진다.

어때, 전지 두 개를 직렬 연결한 쪽이 더 밝지? 전지 두 개를 직렬 연결하면 전지 한 개일 때보다 전압이 높아져서 전류가 많이 흐르기 때문이야. 따라서 전지를 더 많이 직렬 연결할수록 전구는 더 밝아지는 거야.

그럼, 전지 두 개를 병렬 연결하면 어떻게 될까? 전지를 병렬 연결하려면 아래 그림처럼 전지의 (+)극은 (+)극끼리, (−)극은 (−)극끼리 연결하면 돼.

전구의 밝기는 양쪽이 서로 같아. 전지 두 개를 병렬 연결해도 전지 한 개일 때의 전압

전지를 직렬 연결하면 전구가 밝아지고, 병렬 연결하면 전지를 오래 쓸 수 있단 말씀!

전지의 병렬 연결

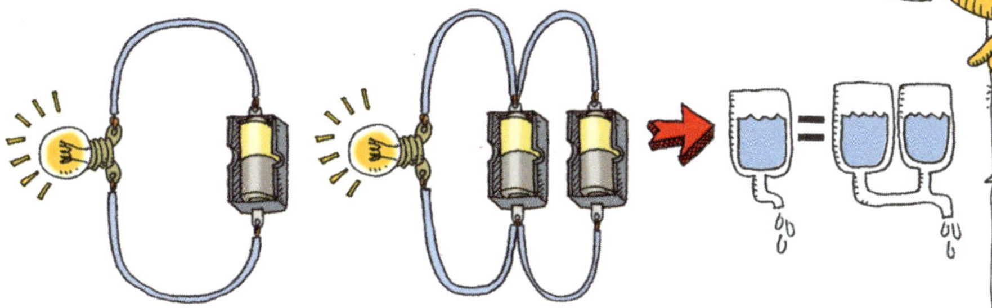

물통을 나란히 놓으면 물통이 하나일 때와 물줄기의 세기가 같은 것처럼, 전지를 병렬 연결하면 전압은 같다. 따라서 전구의 밝기는 같다.

과 같기 때문이야. 결국 아무리 많은 전지를 병렬 연결해도 전체 전압은 전지 한 개일 때의 전압과 같아. 대신 전지를 오랫동안 사용할 수 있지.

전지를 연결하는 방법처럼 전구도 직렬 연결하거나 병렬 연결할 수 있어. 한쪽에는 전지 한 개에 전구 한 개를 연결하고, 다른 쪽에는 전구 두 개를 직렬 연결한 후 전지 한 개와 연결해 봐.

전구 한 개를 연결한 쪽이 더 밝아. 전구 두 개를 직렬 연결하면 전구 한 개일 때보다 전류가 적게 흐르기 때문이야. 무슨 말이냐 하면, 양쪽 모두 전지 한 개에 연결한 거니까 전압은 서로 같

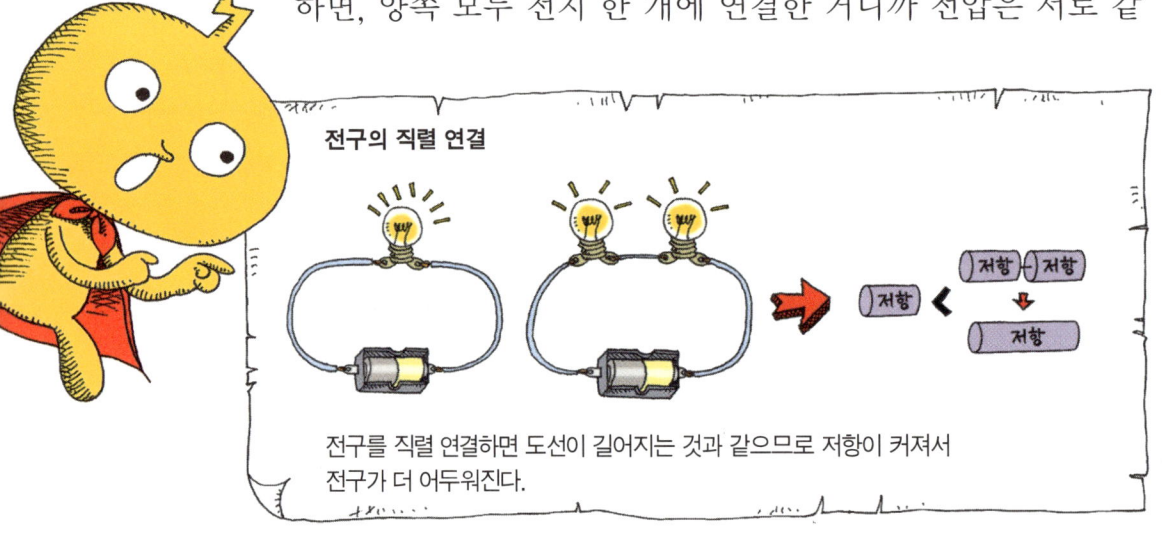

전구의 직렬 연결

전구를 직렬 연결하면 도선이 길어지는 것과 같으므로 저항이 커져서 전구가 더 어두워진다.

> 전구를 직렬 연결하면 전구가 어두워지고, 병렬 연결하면 밝기는 거의 변화가 없지!

아. 그런데 전구 두 개를 직렬 연결하면 우리 전자가 다니는 길이 길어지는 것과 같아서 전체 저항이 커져. 따라서 전구 한 개를 연결한 쪽보다 전류가 적게 흘러서 전구의 밝기가 어두워지는 거야. 그러니까 전구를 직렬로 많이 연결할수록 전구의 밝기는 점점 더 어두워진다는 거지.

전구 두 개를 병렬 연결하면 어떻게 될까?

전구의 밝기는 양쪽이 서로 같아. 두 개의 전구를 병렬 연결하면 우리 전자가 지나갈 수 있는 길이 둘인 것과 같아. 즉 길이 넓어지니까 전체 저항은 작아져.

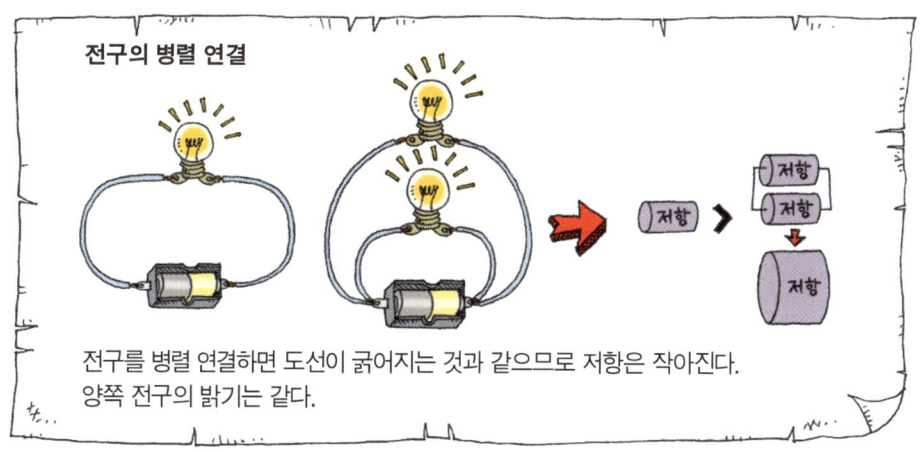

전구를 병렬 연결하면 도선이 굵어지는 것과 같으므로 저항은 작아진다.
양쪽 전구의 밝기는 같다.

여기서는 같은 전구 두 개를 병렬 연결한 거니까 전체 저항이 전구 한 개를 연결한 쪽보다 반으로 줄어들어서 두 배의 전류가 흐르게 돼. 그리고 두 배의 전류가 두 전구에 나눠지므로 전구 한 개를 연결한 쪽과 똑같은 크기의 전류가 흘러서 전구의 밝기가 서로 같은 거야. 따라서 전구를 병렬로 더 많이 연결할수록 전체 전류는 커지는 거야.

집에서 사용하는 모든 전기 기구는 병렬로 연결되어 있단다. 그래서 모두 220V의 같은 전압이 걸려. 또한 전기 기구 하나를 끄거나 고장이 나도 다른 전기 기구를 사용할 수 있어. 물론 전기 기구를 많이 사용할수록 전체 전류가 커져서 전기료도 많이 나와.

이 밖에도 전기 회로는 다양하게 연결할 수 있어. 직렬 연결과 병렬 연결을 혼합해 연결하기도 하거든. 사용하는 목적에 따라 전구와 전지를 알맞게 연결해야 전기를 효율적으로 쓸 수 있어.

하나의 콘센트에 많은 전기 기구를 연결하면 전류가 순식간에 너무 많이 흘러서 도선이 녹거나 불이 날 수 있어.

놀라운 전기 작용

사람들이 전기 기구를 사용할 수 있는 것은 전자가 흘러가면서 가지고 있던 전기 에너지가 다른 에너지로 바뀌기 때문이야. 그럼 전기가 어떤 작용을 하는지 본격적으로 이야기해 볼까?

열 작용과 빛 작용

우리 전자는 못하는 일이 없어. 그야말로 만능 재주꾼이란다. 전등이 환한 빛을 비추고, 전기난로가 뜨거운 열을 내는 것도 다 우리가 하는 일이야.

전기 기구에서는 우리 전자가 가지고 있는 전기 에너지가 다른 에너지로 바뀐단다. 그중에서 가장 중요한 것은 전기 에너지가 열 에너지로 바뀌는 거야.

주위를 둘러봐. 전기 에너지를 열 에너지로 바꾸는 전기 기구에는 어떤 것이 있을까? 그래, 전기다리미나 전기장판, 전기밥솥 따위가 있어. 이렇게 전기를 이용해서 열을 내는 전기 기구를 **전열기**라고 해. 전열기는 전기 에너지를 열 에너지로 바꾸는 전기 기구야.

전기 에너지가 열 에너지로 바뀌는 원리는 간단해. 우리 전자가 도선 속을 빠르게 달려가다 촘촘히 배열되어 있는 원자들과 부딪치면 열이 나는 거야. 네가 사람들로 붐비는 지하철 안에서 이동할 때 사람들과 이

리저리 부딪치면 열이 나는 것과 비슷해. 3장에서 전류가 흐르는 것을 방해하는 성질을 뭐라고 했지? 맞아, 저항이야. 저항이 클수록 우리 전자는 더 많은 원자와 부딪쳐 더 많은 열이 나. 지하철 안에 사람이 많을수록 더 많이 부딪쳐서 지나가기 어려운 것과 같아. 하지만 지나치게 저항이 큰 물질은 아예 우리 전자가 지나가지 못해서 열이 나지 않아. 반면에 저항이 아주 작은 물질은 지나치게 많은 전류가 흐르게 돼. 우리 전자가 한꺼번에 너무 많이 흐르면 도선이 녹아 버리지. 그럼 열을 잘 내게 하려면 어떤 종류의 도선을 사용하면 좋을까?

 **금속 선에 전류 흘려 보내기**

준비할 것들이야.

6V짜리 건전지 2개, 스위치,
니크롬선·납선 각각 20센티미터가량,
못 3개, 나무판, 집게 달린 전선

이렇게 실험해 봐.

1. 어른에게 나무판에 못을 박아 달라고 부탁해.
이때 못과 못 사이의 간격은 5센티미터가량이면 돼.
2. 못과 못 사이에 니크롬선과 납선을 차례로 연결해.
3. 전선으로 건전지 2개를 직렬 연결한 뒤 스위치와 니크롬선을
연결해서 전기 회로를 만드는 거야.
4. 스위치를 누르고 잠시 기다려.

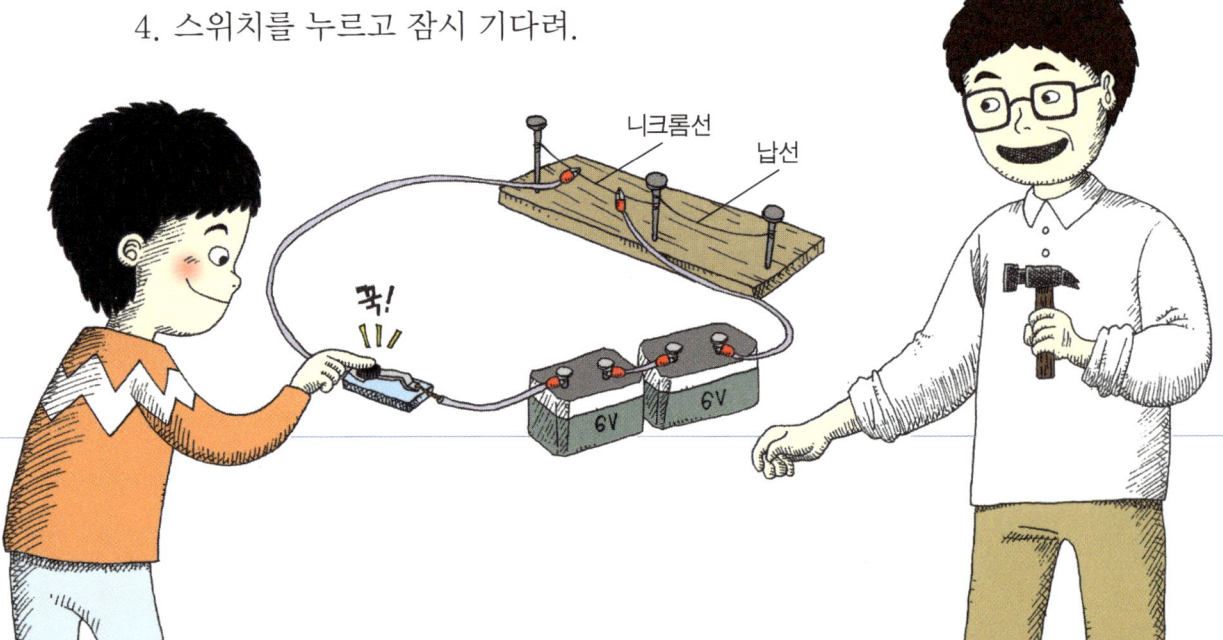

5. 니크롬선이 어떻게 되는지 관찰해.

6. 납선도 같은 방법으로 관찰해.

이렇게 될 거야.

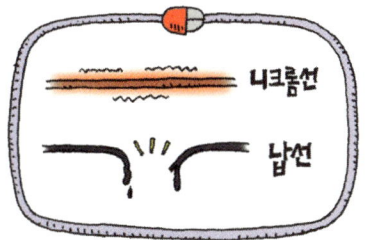

1. 니크롬선은 열이 나서 빨갛게 달궈져.

2. 납선은 녹아내려 끊어져.

왜 이런 일이 일어날까?

금속 선에 전기가 흐르면 전자들이 금속 선을 이루는 원자들과 부딪치면서 열이 나. 니크롬선은 저항이 크기 때문에 열이 나면서 빨갛게 달궈지는 거야. 하지만 납선은 저항이 작은 편이고 열에도 약하기 때문에 큰 전류가 흐르자 녹아내린 거야.

그래서 전열기에는 전류가 적당히 흐르면서 높은 열에도 잘 견디는 물질로 저항을 만들어야 해. 니크롬선은 전열기의 저항으로 많이 쓰여. 가장 널리 쓰이는 물질은 텅스텐이야. 네가 사용하는 전열기나 전구에는 대부분 텅스텐으로 만든 도선이 들어 있어.

전기 에너지는 빛 에너지로 바뀔 수도 있어. 집에서 사용하는 백열전구는 전류가 흐를 때 열이 많이 나는데, 이 열이 만들어 내는 빛으로 주위를 밝혀. 필라멘트를 이루는 원자들이 한 방향으로 흘러가는 전자들과 충돌해서 열이 나고 빛이 나는 거야.

그러나 형광등과 네온등은 이와는 전혀 다른 방법으로 빛을 내. 형광등과 네온등은 진공 유리관 속에 있는 기체 원자들이 음극에서 양극을 향해 달리는 전자들과 충돌해서 빛이 나는 거야.

모든 기체는 전자와 충돌하면 고유한 빛을 내. 예를 들면 질소는 노란빛, 네온은 주황빛, 헬륨은 붉은빛을 내. 이런 기체들을 진공 유리관 속에 조금 넣고 전류를 흐르게 하면, 여러 가지 색깔의 빛을 내는 네온등이 되는 거야.

백열전구

텅스텐 원자

전자와 텅스텐 원자의 충돌로 섭씨 2000~3000도 정도로 달궈진 필라멘트가 빛을 내.

형광등은 진공 유리관 속에 수은 가스가 조금 들어 있어. 형광등에 전류가 흐르면 수은 원자와 전자가 충돌해서 눈에 보이지 않는 **자외선**이 나와. 이 자외선이 유리관 안쪽에 칠해져 있는 형광 물질에 흡수되면 눈에 보이는 빛을 내게 돼.

수은 원자와 전자가 충돌하면 자외선 이외에 청록색의 빛도 나와. 따라서 형광 물질을 바르지 않은 유리관에 수은을 넣고 전류를 흐르게 하면, 자외선은 눈에 보이지 않기 때문에 청록색으로 보인단다.

수은 원자와 전자가 충돌할 때 나오는 빛의 90퍼센트는 자외선이야. 자외선이 형광 물질에 흡수되면, 형광 물질이 눈에 보이는 빛을 내.

화학 작용

이렇게 쓸모 많은 전기를 어떻게 하면 얻을 수 있을까?

가장 쉬운 방법은 마찰을 이용해 전자가 한 물질에서 다른 물질로 건너가도록 하는 거야. 전기를 연구하던 과학자들도 처음에는 마찰 전기를 만들어 썼어.

1663년에 독일의 과학자 게리케는 회전하는 유황 공에 가죽이나 천을 마찰시켜 많은 양의 정전기를 얻었어. 사람들은 유황 공을 더 빠르게 돌리기 위해 기계를 이용했어.

하지만 마찰로 얻은 전기는 간단한 실험을 하기에도 빠듯했어. 그래서 전기를 저장했다 필요할 때 꺼내 쓸 수 있는 장치를 개발하게 되었어. 이 장치가 **축전기**야. 축전기는 지금도 라디오 같은 전기 기구에 두루 사용되고 있지만, 이것 역시 적은 양의 전기를 잠깐씩 저장할 수 있을 뿐이야.

전기 실험이 활발해질수록 많은 양의 전기가 필요했지만 마찰을 이용해 만든 전기나 축전기에 저장한 전기는 턱없이 모자랐어. 이 문제를 해결한 사람이 갈바니와 볼타란다. 전지를 발명하는 데 큰 역할을 했거든.

전지는 전기 에너지를 화학 에너지로 바꾸었다가 필요할 때 다시 전기 에너지로 바꾸어 사용하는 장치야. 전지의 발명으로 오랫동안 계속해서 전기를 발생시킬 수 있게 되었고, 전기 실험도 더욱 활발해졌어.

최초의 전지는 **볼타전지**인데, 요즘에는 볼타전지를 개량한 여러 종류의 전지들이 사용되고 있어. 자동차의 시동을 거는 데 사용하는 커다란 전지부터 시계에 사용하는 작은 단추 모양의 전지에 이르기까지 다양한 형태의 전지가 있지. 사람들이 야외에서 손쉽게 전기를 사용할 수 있는 것도 전지 덕분이야.

갈바니와 볼타의 전지 이야기

자기 작용

전기 에너지는 자석의 성질도 만들어.

오랜 옛날부터 사람들은 나침반을 사용해 왔지만 자석에 대해 잘 알지 못했어. 자석의 성질을 가진 물질 때문에 자석의 성질이 나타나는 것으로만 생각했어. 아무도 전류와 자석이 관계가 있을 거라고는 상상도 못했어. 그런데 덴마크의 과학자 외르스테드가 전류가 흐르면 도선 주위에 자석의 성질이 만들어진다는 것을 우연히 발견했어. 우리 전자가 계속해서 흘러가면서 주위에 자석의

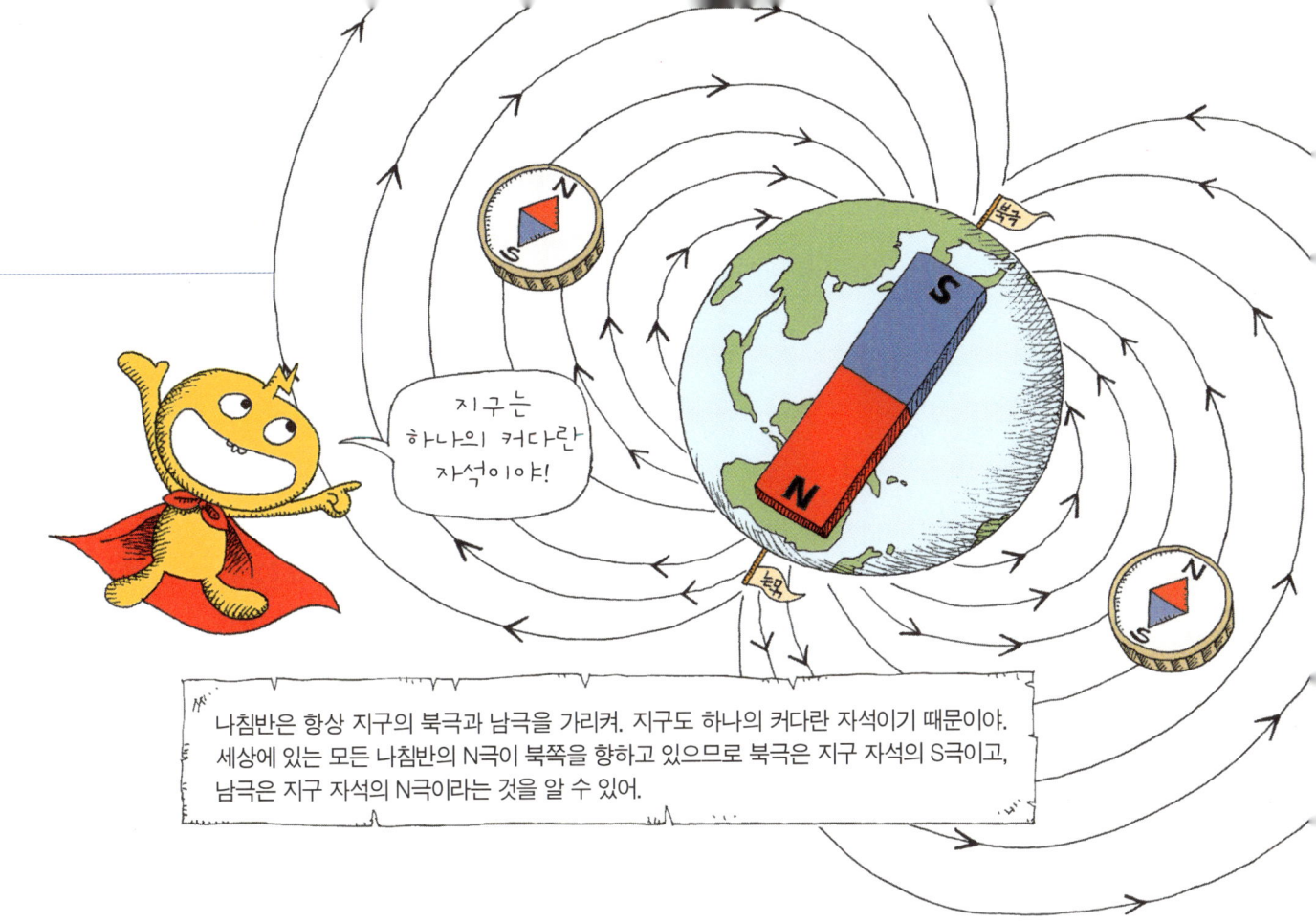

나침반은 항상 지구의 북극과 남극을 가리켜. 지구도 하나의 커다란 자석이기 때문이야. 세상에 있는 모든 나침반의 N극이 북쪽을 향하고 있으므로 북극은 지구 자석의 S극이고, 남극은 지구 자석의 N극이라는 것을 알 수 있어.

성질을 만드는 거야.

자, 여기 자석이 있다고 생각해 봐. 자석 주위에 작은 나침반들을 흩어 놓으면, 나침반의 N극은 모두 자석의 S극을 향할 거야. 이때 나침반의 N극이 향하는 방향을 **자기장의 방향**이라고 해.

그런데 전류가 흐를 때 자석의 성질이 만들어진다고 했지? 그렇다면 이때 자기장의 방향은 어떻게 될까? 전류가 흐를 때 자기장의 방향은 전류의 진행 방향에 대해 오른쪽으로 싸고돌게 돼. 이것을 **오른나사의 법칙**이라고 불러.

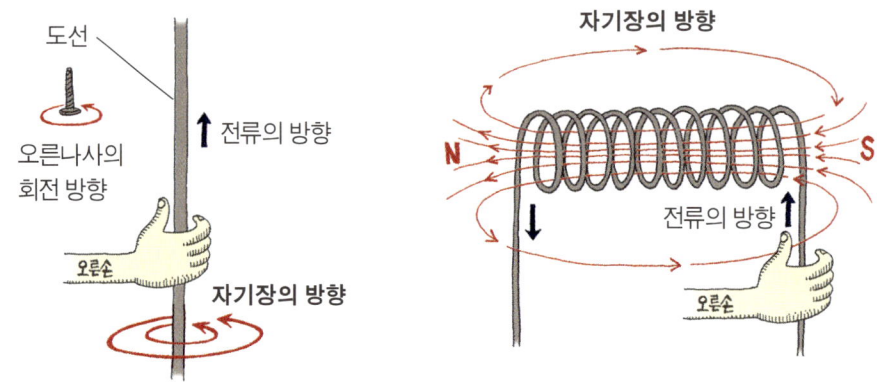

오른나사란 오른쪽 방향으로 돌리면 앞으로 나가면서 조여지는 나사야. 집에서 사용하는 대부분의 나사가 오른나사야. 오른나사가 나가는 방향을 전류의 방향이라고 하면, 나사를 돌리는 방향이 자기장의 방향이 된다는 것이 오른나사의 법칙이야.

만약 코일에 전류가 흐른다면 자기장의 방향은 어떻게 될까? **코일**은 원통 모양으로 도선을 감아 놓은 거야. 코일에 전류가 흐를 때도 자석의 성질이 만들어지는데, 이때 자기장의 방향은 코일의 중심을 따라 앞이나 뒤로 향하게 돼. 즉, 자기장의 방향은 코일에 흐르는 전류의 방향에 따라 달라져.

우리 전자는 못과 같은 금속에 마술을 걸 수도 있어. 무슨 마술이냐고? 다름 아니라 못을 자석으로 만드는 거야. 못과 같은

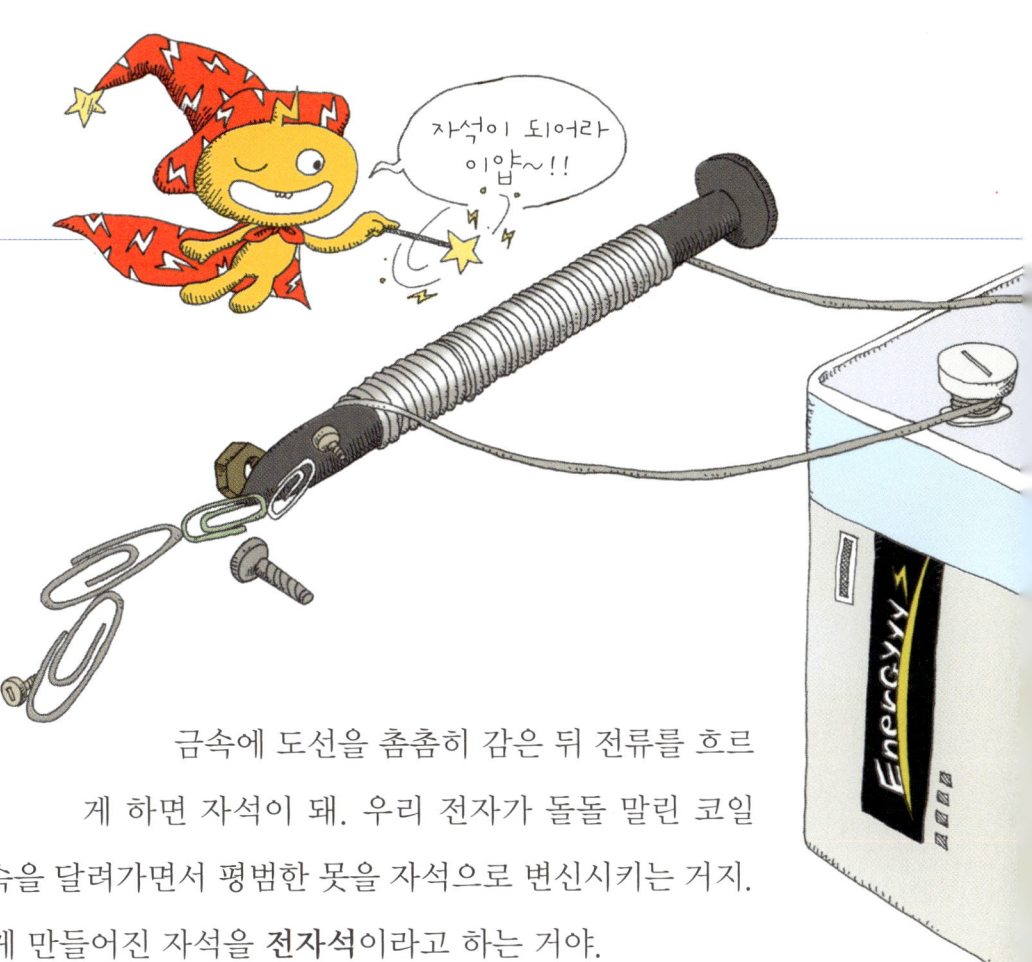

금속에 도선을 촘촘히 감은 뒤 전류를 흐르게 하면 자석이 돼. 우리 전자가 돌돌 말린 코일 속을 달려가면서 평범한 못을 자석으로 변신시키는 거지. 이렇게 만들어진 자석을 **전자석**이라고 하는 거야.

전자석은 학교에서 실험할 때 많이 사용하니까 볼 기회가 많을 거야. 또 일상생활에서도 다양하게 쓰이고 있어. 지금은 많이 사용하지 않지만 예전에는 따르릉 소리를 내면서 울리는 전자석 종이 수업 시간의 시작과 끝을 알려 주었어. 또 공장이나 폐차장에서는 큰 물건이나 자동차를 들어 올리는 데 대형 전자석을 사용하고 있지.

자석으로 전기 만들기

전류가 흐를 때 자석의 성질이 만들어져. 그럼 반대로, 자석을 이용하면 전류를 흐르게 할 수 있지 않을까? 과학자들도 이런 생각을 하고, 자석을 이용해서 다양한 실험을 했단다. 하지만 도선 주위에 아무리 강한 자석을 놓아도 전류는 흐르지 않았어.

자석을 이용해 전류를 흐르게 하는 방법을 알아낸 사람은 영국의 물리학자 패러데이야. 오호, 이름을 들어 본 적이 있다고?

강한 자석을 도선 가까이 대 보았지만 전류가 흐르지 않았어.

　　패러데이가 발견한 이 현상은 **전자기 유도**라고 해. 자기장을 변화시켜 전류를 흐르게 만드는 거야. 자석을 빠르게 움직이면 자석 주위의 자기장이 변해. 이때 자기장이 변하는 곳에 도선이 있으면, 도선에 전압이 생겨서 우리 전자가 흘러가게 되는 거란다. 좀 어렵지? 그래도 패러데이가 전자기 유도를 발견했기 때문에, 오늘날처럼 사람들이 전기를 많이 사용할 수 있게 된 거야.

발전기

발전소 전기를 생산해.

변전소 전류가 먼 곳까지 갈 수 있도록 전압을 올려.

전자기 유도를 이용하면 아주 쉽게 전류가 흐르도록 할 수 있어. 발전기도 전자기 유도를 이용해 만들 수 있었던 거야. **발전기**는 전기를 발생시키는 장치야. 알지? 발전기는 자석 사이에서 도선을 돌리거나 아니면 코일 사이에서 자석을 돌려서 전류를 만드는 거야.

그런데 많은 사람들이 사용할 수 있을 만큼의 전류를 발생시키려면 엄청나게 큰 자석이나 도선이 필요해. 당연히 사람의 힘으로는 그렇게 큰 자석이나 도선을 돌릴 수 없겠지? 그래서 사람들은 발전기를 돌리는 여러 가지 방법을 생각해 냈어. 그 가운데 하나는 물이 높은 곳에서 아래로 떨어질 때 나오는 힘을 이용하는 거야. 이처럼 물의 힘을 이용해 발전기를 돌리는 방법을 **수력 발전**이라고 해. 어때, 들어 봤지? 또 여러 가지 연료를 태워 만든 수증

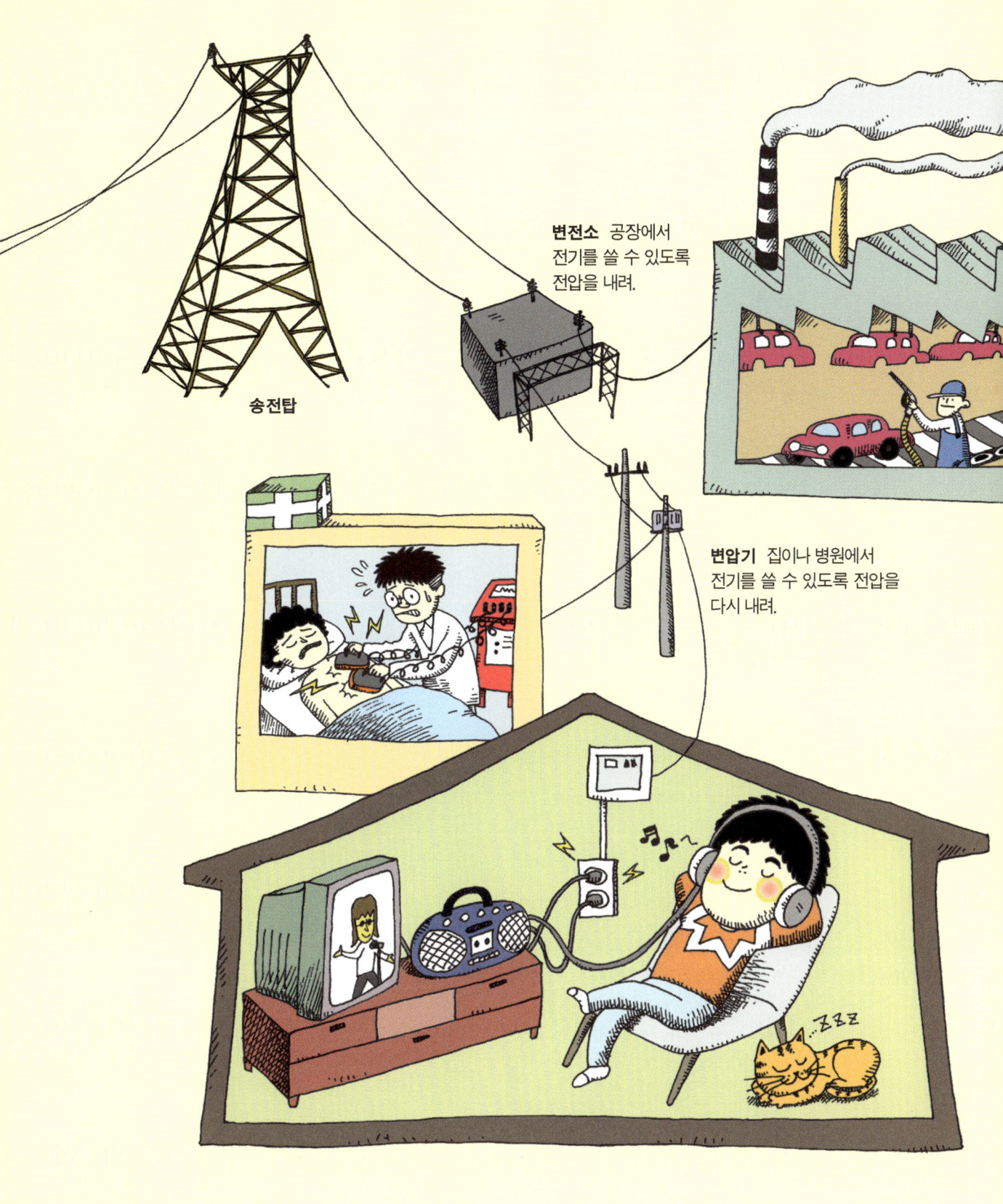

기의 압력을 이용하는 방법이 있어. 이건 **화력 발전**이라고 해. 최근에는 원자핵이 분열할 때 나오는 에너지를 이용하여 발전기를 돌리는 **원자력 발전**도 많이 사용하고 있지.

이제 우리 전자가 무슨 일을 하는지 알겠지? 열과 빛을 내고, 자석도 만들고, 화학 작용도 해. 이 밖에도 우리 전자는 사람들의 생활을 편리하게 만들어 주고 있어. 그게 뭔지 예를 들어 볼까? 전기 에너지는 물체를 움직이기도 해. 전동기를 움직여서 전기 기구를 작동시키지. **전동기**는 전기를 이용해서 회전시키는 힘을 얻는 기계야. 날개가 돌아가는 선풍기나 칼날이 빙빙 도는 믹서, 돌면서 벽에 구멍을

뚫는 전기 드릴 따위에 전동기가 들어 있어.

또 무선 통신에 사용되는 전자기파를 만들어 내기도 해. 눈에 보이지는 않지만 공중에는 우리 전자가 만들어 놓은 여러 **전자기파**가 있어. 사람들은 전자기파를 이용해 다양한 신호를 보내고 있어. 물론 휴대 전화도 전자기파를 이용하는 장치야.

우리는 세상 어디나 있어. 얌전히 원자 속에 있거나, 이리저리 힘차게 돌아다니며 바쁘게 일해. 한곳에 쌓여서 정전기를 만들고, 우르르 한 방향으로 흘러가며 네가 쓰는 전기도 만들지. 지금까지 우리 전자는 세상 곳곳에서 많은 일을 해 왔고, 앞으로도 그럴 거야. 우리의 활약으로 사람들이 좀 더 편리한 생활을 할 수 있으면 좋겠어.

마치며

이제 전기에 대한 이야기를 끝내야 할 것 같아.

사실 말하고 싶은 이야기는 아직도 많지만…….

앞으로 네가 전기를 사용할 때면 아마 이런 모습이 떠오르겠지?

나와 우리 전자 친구들이 부지런히 우르르 몰려다니는 모습 말이야.

그럼, 안녕!

쪼그만 백과

볼타와 볼타전지
이탈리아의 과학자 볼타(1745~1827)는 아연판과 구리판 사이에 소금물에 적신 종이를 넣고 차례로 쌓아 전기를 발생시켰는데, 이 원리를 이용해 만든 것이 볼타전지야. 오늘날 우리가 편리하게 사용하는 여러 전지들은 볼타전지의 원리를 응용한 것으로, 서로 다른 도체 사이에 이온이 들어 있는 용액을 넣어서 전기를 발생시키지. 볼타는 전지를 발명한 업적으로 프랑스의 나폴레옹 황제에게 많은 상을 받았고, 백작이 되었어.

정전기
원자에는 음전기를 띤 전자와 양전기를 띤 양성자가 같은 수로 들어 있어서 전기적으로 중성이야. 그러나 물체를 서로 마찰하면 한 물체에서 다른 물체로 전자들이 옮겨 가. 결국 한쪽 물체는 전자가 많아져 음전기를 띠고, 다른 쪽 물체는 전자가 적어져 양전기를 띠게 돼. 만약 물체가 부도체라면 전기가 흘러가지 못하고 그대로 쌓여. 이렇게 한곳에 쌓여 있는 전기를 정전기라고 하는 거야.

전자기파
전자가 움직이는 속도나 방향이 바뀌거나, 전류의 세기가 변하면 주위에 만들어진 전기장과 자기장이 변하게 돼. 이렇게 전기장과 자기장이 규칙적으로 변하면서 파동처럼 퍼져나가는 것을 전자기파라고 해. 빛도 전자기파야. 우리가 자주 사용하는 라디오, 텔레비전, 무선 전화, 리모컨도 전자기파를 이용해 신호를 주고받는 기계야.

저항과 옴의 법칙
독일의 과학자 옴(1789~1854)은 전류의 세기는 전압에 비례하고 저항에 반비례한다는 옴의 법칙을 발견했어. 저항은 전류의 흐름을 방해하는 성질로 물질의 성질과 물체의 크기에 따라 달라져. 저항이 큰 물질은 부도체, 저항이 작은 물질은 도체, 그리고 저항이 중간인 물질은 반도체야.

전류의 자기 작용
덴마크의 과학자 외르스테드(1777~1851)는 전류가 흐르면 자석의 성질이 만들어진다는 것을 발견했어. 그 전까지 사람들은 전기와 자석이 아무 관계가 없다고 생각했어. 하지만 외르스테드의 발견으로 자석의 성질도 전기에 의해 만들어진다는 것을 알게 되었지. 영구 자석도 원자 속에 있는 전자들이 자석의 성질을 만들어 낸 거야.

정전기 유도

도체에 전기를 띤 대전체를 가까이 대면 대전체 가까운 쪽에는 대전체와 반대 부호의 전기를 띠게 되고, 먼 쪽에는 같은 부호의 전기를 띠게 되는 것을 정전기 유도라고 해. 도체에 정전기 유도가 생기는 것은 도체에서 전자들이 잘 움직이기 때문이야.

천둥, 번개

하늘에 떠 있는 구름은 작은 물방울, 얼음 알갱이, 그리고 약간의 먼지로 이루어져 있어. 이 알갱이들이 서로 부딪치면 구름은 전기를 띠게 돼. 이때 서로 다른 종류의 전기를 띤 구름이 만나면 구름 사이에 전자가 이동하면서 순간적으로 엄청난 열이 발생해. 이 열이 내는 빛이 번개고, 열에 의해 공기가 빠르게 팽창하면서 나는 큰 소리가 천둥이지. 빛이 소리보다 빠르기 때문에 번개가 먼저 보이고, 다음에 천둥소리가 들리게 돼.

쿨롱과 쿨롱의 법칙

프랑스의 과학자 쿨롱(1736~1806)은 전기 사이에 작용하는 힘, 즉 전기력이 어떻게 작용하는지를 밝혀냈어. 또한 전기력을 정확하게 측정하기 위해 비틀림저울이라는 장치를 고안했지. 수많은 실험 끝에 쿨롱은 같은 전기 사이에는 미는 힘이 작용하고 다른 전기 사이에는 끌어당기는 힘이 작용하며, 힘의 크기는 전하량의 곱에 비례하고 거리의 제곱에 반비례한다는 것을 밝혀냈어. 이것이 바로 쿨롱의 법칙이야.

패러데이

영국의 과학자 패러데이(1791~1867)는 어려서부터 일을 해서 공부해야 할 만큼 가난했지만, 항상 모든 것을 잘 정리하고 깊이 생각하기를 좋아했어. 결국 패러데이는 훌륭한 과학자가 되어 자석의 세기를 변화시키면 전류를 흐르게 할 수 있다는 전자기 유도 법칙을 발견했어. 우리가 전기를 이용하여 편리한 생활을 할 수 있는 것도 이 법칙을 이용해 많은 전기를 발생시킬 수 있기 때문이란다.

작가의 말

"새로운 것을 알아 가는 것만큼
큰 즐거움을 주는 일은 많지 않아요."

사람들이 전기에 대해 자세히 알게 된 것은 200년도 안 되지만, 전기는 우리 생활에 없으면 안 될 정도로 많이 쓰이고 있어요. 따라서 전기를 제대로 이해하지 않고는 우리 주위에 있는 많은 편리한 장치들이 어떻게 작동하는지 알 수가 없어요. 우리가 전기에 대해 공부해야 하는 것은 전기 기구의 작동 원리를 이해하는 즐거움뿐만 아니라 전기 기구를 제대로 사용하는 데 꼭 필요하기 때문이에요.

그러나 전기는 우리 눈에 보이지 않는 전자가 만들어 내기 때문에 전기를 잘 이해하기는 어려워요. 실제로 전자를 제대로 이해하려면 대학교에서 양자 물리학을 공부해야 해요. 양자 물리학이란 이름만 들어도 어려워 보이지요? 하지만 양자 물리학을 몰라도 어느 정도까지는 전자를 이해할 수 있어요. 이 책에서는 가능하면 쉽게 전자들이 어떤 일을 하는지 설명해 보려고 노력했어요.

한곳에 모여 있지 않고 흘러가는 전기인 전류는 여러 가지 전기 작용을 할 수 있어요. 열이나 빛을 내기도 하고, 화학 반응을 일으키거나 전기 분해 같은 화학 작용도 하지요. 그러나 가장 중요한 것은 자기 작용이에요. 전기로 큰 기계들을 작동시킬 수 있는 것은 모두 전류의 자기 작용 때문이지요.

전류가 자석의 성질을 만들어 내는 것과는 반대로 움직이는 자석을 이용하여 전기를 발생시키는 것을 전자기 유도라고 해요. 우리가 전기를 편리하게 사용할 수 있는 것은 많은 양의 전기를 손쉽게 발생시킬 수 있기 때문이에요. 전류의 자기 작용과 전자기 유도 법칙을 알게 된 다음부터 우리는 전기를 널리 사용하게 되었어요.

하지만 전자가 하는 일은 이 책에서 설명한 것 말고도 아주 많아요. 예를 들면 컴퓨터 속에서 복잡하고 어려운 일을 하는 것도 모두 전자들이지요. 전자가 어떻게 이런 일을 하는지 알려면 앞으로도 공부를 많이 해야 할 거예요. 새로운 것을 알아 가는 것만큼 큰 즐거움을 주는 일은 많지 않아요. 앞으로 전자에 대해 더 많이 공부하다 보면 새로운 것을 알아 가는 즐거움을 제대로 느낄 수 있을 거예요.

일러두기

- 맞춤법, 띄어쓰기는 국립국어원에서 펴낸 《표준국어대사전》을 기준으로 삼았습니다.
- 외국 인명, 지명은 국립국어원의 《외래어 표기 용례집》을 따랐습니다. 《외래어 표기 용례집》에 나오지 않는 인명, 지명은 현지음에 가깝게 적었습니다.